KB192910

논·술·한·국·대·표·문·학

56

종생기·봉별기

이상

병상 이후 · 김유정론 · 약수 · 12월 12일

훈민출판사

명동의 '다방 거리'를 기념
하는 글이 거리 바닥에 새
겨져 있다.

The Best Korean Literature

20대 초의 모습(오른쪽). 이상은 '구인회'의 동인으로
도 활동했다.

단편 〈지주회시〉의 작품 배경이 된 집

명동 거리. 이상은 종로의 다방 '제비', 카페 '무기', 인사동의 '쓰루', 광교의 '69' 등을 경영하기도 했다.

그림을 잘 그렸던 이상. 보성고보 재학 당시 이상은 교내 미술대회에서 유화 〈풍경〉으로 우수상을 받고 화가가 될 꿈을 꾸었다.

조선 총독부 건물. 1929년 경성공고를 졸업한 이상은 그 해 4월 조선 총독부 건축과 기사로 취직하여 〈조선과 건축〉에 〈이상한 가역 반응〉 등의 시를 발표한다.

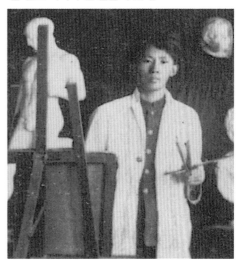

조선 총독부 내무국 건축과 기사로 재직하던 때의 모습. 이 때 이상은 〈12월 12일〉을 발표했다.

보성고등학교 전경. 이상은 1924년 동광학교에서 보성고보 4학년에 편입하는데, 시인 임화, 김기림 등이 이 학교에 함께 다녔다.

이상 문학비 전경. 보성고 동문들과 부인 변동림 여사가 1990년에 건립한 이 문학비는 이상의 천재적인 파격성을 강조하는 조각으로 만들어졌다. 이상, 김기림, 윤곤강 등 3인의 시비를 잇달아 건립함으로써 보성고는 송파구의 명소로 자리잡았다.

The Best Korean Literature

이상 자신이 그린 캐리커처. '이것은 오래 전부터 감시를 요하는 원숭이. 때때로 인생의 감람나무에서 도망치기 때문에 원장의 염려가 적지 않다' 는 내용의 일어로 된 시가 적혀 있다.

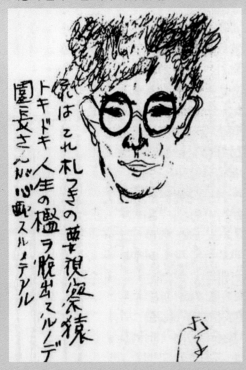

전원 풍경. 이상은 수필 〈권태〉에서 온통 초록뿐인 농촌의 여름을 권태로 가득찬 거대한 '천치 상태' 라고 표현했다.

구인환(丘仁煥)

서울대학교 사범대학 졸업. 동 대학원 졸업(문학박사)
서울대학교 명예교수, 소설가(현). 서울대학교 사범대학 국어교육연구소 소장(현)
문학과문학교육연구소 소장(현). 국제펜 한국본부 부회장(현)
한국소설문학상(1987) 예술문화대상(1994) 한국문학상(2000)
작품 〈숨쉬는 영정〉, 〈살아 있는 날들〉, 〈일어서는 산〉 외 다수

• 저서 ≪한국단편소설의 이해≫, ≪한국현대소설의 비평적 성찰≫,
       ≪고교생이 알아야 할 소설≫, ≪고교생이 알아야 할 세계단편소설≫ 외 다수

윤병로(尹柄魯)

성균관대학교 국어국문학과 졸업. 동 대학원 졸업(문학박사)
성균관대학교 교수, 문학평론가(현). 한국현대소설학회장(현)
한국문예학술저작권협회 이사(현). 한국간행물윤리위원회 위원(현)
한국펜 문학상(1987). 한국문학상(1988). 대한민국문학상(1989)
수필집 ≪나의 작은 애인들≫

• 저서 ≪현대 작가론≫, ≪한국 현대 소설의 탐구≫,
       ≪한국 근대 작가 작품 연구≫, ≪한국 현대작가의 문제작 평설≫ 외 다수

홍성암(洪性岩)

고려대학교 국어국문학과 졸업. 한양대학교 대학원 국어국문학과 졸업(문학박사)
동덕여자대학교 교수, 소설가(현). 한국문인협회 회원(현)
한국소설가협회 이사(현). 국제펜 한국본부 소설분과 이사(현). 한민족 문화학회 회장(현)
창작집 ≪큰 물로 가는 큰 고기≫, ≪어떤 귀향≫ 외
대하역사소설 ≪남한산성≫(전9권) 외 다수

• 저서 ≪문학의 이해≫, ≪현대 작가론≫, ≪한국 근대 역사소설 연구≫ 외 다수

기획·감수

1950년에 간행된 〈이상선집〉

논술 한국대표문학을 펴내며

　21세기의 사회는 '전자 문명 시대'라 일컬어질 만큼 오늘날 전자 산업은 우리 생활의 거의 모든 분야에 다양하게 응용되고 있습니다. 출판 분야 또한 예외는 아니어서, 종래의 서책(Book) 대신에 이른바 '전자책(CD-ROM)'의 출간이 최근 들어 날로 증가하고 있습니다.

　그러나 이러한 전자책은 영상 또는 모니터상으로 흥미 위주나 백과사전식 지식을 습득하는 데는 효과적일지 모르지만, 문학 공부를 위해서는 별로 도움이 되지 않습니다. 바꾸어 말하면, 문학 공부는 각 지면마다 살아 숨쉬는 표현 하나하나를 독자 자신의 머리로 음미하면서 작품을 읽어 나가는 가운데, 풍부한 상상력의 배양과 함께 작가의 의도와 그 작품의 내면을 깊이 있게 이해함으로써 이루어지는 것입니다.

　이에 훈민출판사에서는, 자라나는 학생들이 범람하는 영상 매체에 길들여지기 전에, 어려서부터 유명한 세계문학 작품들을 책자를 통하여 감명 깊게 읽고 감상함으로써, 올바른 문학 공부의 기틀을 다지고, 아울러 전인 교육도 할 수 있도록 《논술 한국대표문학(전60권)》을 펴내게 되었습니다.

　작품 선정은, 초·중·고등학교 국어 교과서와 역사 교과서에 실리거나 소개된 문학 작품을 중심으로 하되, 그리스 신화와 성경 이야기 등의 고전에서부터 중세·근대·현대에 이르기까지 세르반테스·셰익스피어·톨스토이 등 세계 유명 작가들의 장·단편 소설들을 엄선·수록하였습니다. 또 세계의 명시도 별권으로 엮었으며, 특히 각 단락마다 '논술 문제'를 제시하여, 장차 대학입시를 비롯한 각종 '논술 고사'에 예비 지식을 쌓을 수 있도록 배려하였습니다. 아무쪼록, 이 《논술 한국대표문학(전60권)》이 자라나는 학생들에게 문학 공부의 주춧돌이 되고, 나아가 미래를 살아가는 데 정신적 자양분이 되기를 진심으로 바라 마지않습니다.

훈민출판사

차례

이 상

종생기
봉별기
병상 이후
김유정론
약 수
12월 12일

지은이

1910~1937년. 본명 김해경. 서울 출생. 조선총독부 건축과 기관지인 《조선과 건축》의 표지도안 공모에 당선하였으며, 1931년에는 조선미전에 입선하는 등 그림에도 재능을 보였다. 1930년 《조선》에 소설 〈12월 12일〉을 발표하면서 문학 활동을 시작하였으며, 대표작으로 시 〈거울〉, 〈오감도〉, 〈건축무한육면각체〉, 단편 소설 〈날개〉, 〈종생기〉 등과 〈권태〉 등의 수필작품이 있다.

종 생 기

극유산호편——요 다섯 자 동안에 나는 두 자 이상의 오자를 범했는가 싶다. 이것은 나 스스로 하늘을 우러러 부끄러워할 일이겠으나 인지가 발달해 가는 면목이 실로 약여하다. 죽는 한이 있더라도 이 산호 채찍을랑 꽉 쥐고 죽으리라. 네 폐포파립(너절하고 구차한 차림새) 위에 갈색의 망해(죽은 사람의 몸) 위에 봉황이 와 앉으리라.

나는 내 〈종생기〉가 천하 눈 있는 선비들의 간담을 서늘하게 해 놓기를 애틋이 바라는 일념 아래인 만큼 인색한 내 맵시의 절약법을 피력하여 보인다.

일발 포성에 부득이 영웅이 되고 만 희대의 군인 모는 아흔에 귀를 단 황송한 일생을 끝막던 날 이렇다는 유언 한 마디를 지껄이지 않고 그 임종의 장면을 곧잘(무사히 후——한숨이 나올 만큼) 넘겼다.

그런데 우리들의 레우오치카——애칭 톨스토이——는 괴나리봇짐을 짊어지고 나선 데까지는 기껏 그럴 성싶게 꾸며 가지고 마지막 5분에 가서 그만 잡쳤다. 자지레한 유언 나부랭이로 말미암아 70년 공든 탑을 무너뜨렸고 허울좋은 일생에 가실 수 없는 흠집을 하나 내어놓고 말았다.

나는 일개 교활한 옵서버의 자격으로 그런 우매한 성인들의 생애를 방청하여 왔으니 내가 그런 따위의 실수를 알고도 재범할 리가 없는 것이다.

거울을 향하여 면도질을 한다. 잘못해서 나는 생채기를 내인다. 나는 골을 내인다. 나는 골을 벌컥 내인다.

그러나 와글와글 들끓는 여러 '나'와 나는 정면으로 충돌하기 때문에 그들은 제각기 베스트를 다하여 제 자신만을 변호하는 때문에 나는 좀처럼 범인을 찾아내기는 어렵다는 것이다.

그러기에 대저 어리석은 민중들은 '원숭이가 사람 흉내를 내네' 하고 마음을 놓고 지내는 모양이지만 사실 사람이 원숭이 흉내를 내고 지내는 바 짜장 지당한 전고를 이해하지 못하는 탓이리라.

오호라 일거수 일투족이 이미 아담 이브의 그런 충동적 습관에서는 탈각한 지 오래다. 반사 운동과 반사 운동 틈바구니에 끼어서 잠시 실로 전광석화만큼 손가락이 자의식의 포로가 되었을 때 나는 모처럼 내 허무한 세월 가운데 한각(무심히 버리어 둠)되어 있는 기암 내 콧잔등이를 좀 만지작만지작했다거나, 고귀한 대화와 대화가 늘어선 쇠사슬 사이에도 정히 간발을 허용하는 들창이 있나니 그 서슬퍼런 날이 자의식을 걷잡을 사이도 없이 양단하는 순간 나는 내 명경같이 맑아야 할 지보 두 눈에 혹시 눈곱이 끼지나 않았나 하는 듯이 적절하게 주름살 잡힌 손수건을 꺼내어서는 그 두 눈을 만지작만지작 했다거나——

내 혼백과 사대의 점잖은 태만성이 그런 사소한 연화들을 일일이 따라다니면서(보고 와서) 내 통괄되는 처소에다 일러바쳐야만 하는 그런 압도적 망살을 나는 이루 감당해 내는 수가 없다.

그러나 나는 내 지중한 산호편을 자랑하고 싶다.

'쓰레기' '우거지'

이 구지레한 단자의 분위기를 족하(편지 받는 사람의 이름 밑에 쓰는 존칭어)는 족히 이해하십니까.

족하는 족하가 기독교식으로 결혼하던 날 네이브 앤드 아일에서 이

'쓰레기' '우거지'에 근이한 감흥을 맛보았으리라고 생각이 되는데 과연 그렇지는 않으십니까.

나는 그런 '쓰레기'나 '우거지' 같은 테이프를——내 종생기 처처에다 가련히 심어 놓은 자자레한 치레를 위하여——뿌려 보려는 것인데——

다행히 박수하다. 이상.

'치사한 소녀는', '해동기의 동 시냇가에 서서', '입술이 낙화지듯 좀 파래지면서', '박빙 밑으로는 무엇이 저리도 움직이는가'고, '고개를 갸웃거리는 듯이 숙이고 있는데', '봄 운기를 품은 연풍이 불어와서', '스커트', 아니 아니, '너무나', 아니 아니, '좀' '슬퍼 보이는 홍발을 건드리면' 그만. 더 아니다. 나는 한 마디 가련한 어휘를 첨가할 성의를 보이자.

'나붓나붓'

이만하면 완비된 장치에 틀림없으리라. 나는 내 종생기의 서장을 꾸밀 그 소문 높은 산호편을 더 여실히 하기 위하여 위와 같은 실로 나로서는 너무나 과람히 사치스럽고 어마어마한 세간살이를 장만한 것이다.

그런데——

혹 지나치지나 않았나. 천하에 형안이 없지 않으니까 너무 금칠을 아니 했다가는 서툴리 들킬 염려가 있다. 하나——

그냥 어디 이대로 써 보기로 하자.

나는 지금 가을 바람이 자못 소혜한 내 구중중한 방에 홀로 누워 종생하고 있다.

어머니 아버지의 충고에 의하면 나는 추호의 틀림도 없는 만 25세와 11개월의 '홍안 미소년'이라는 것이다. 그렇건만 나는 확실히 노옹이다.

그 날 하루하루가 '인생은 짧고 예술은 기다랗다' 하는 엄청난 평생이다.

나는 날마다 운명하였다. 나는 자던 잠——이 잠이야말로 언제 시작한 잠이더냐——을 깨면 내 통절한 생애가 개시되는데 청춘이 여지없이 탕진되는 것은 이불을 푹 뒤집어쓰고 누웠지만 역력히 목도한다.

나는 노래(노년)에 빈곤한 식사를 한다. 12시간 이내에 종생을 맞이하고 그리고 할 수 없이 이리 궁리 저리 궁리 유언다운 유언이 어디 유실되어 있지 않나 하고 찾고, 찾아서는 그 중 의젓스러운 놈으로 몇 추린다.

그러나 고독한 만년 가운데 한 구의 에피그램을 얻지 못하고 그대로 처참히 나는 물고하고 만다.

일생의 하루——

하루의 일생은 대체(위선) 이렇게 해서 끝나고 끝나고 하는 것이었다.

자——보아라.

이런 내 분장은 좀 과하게 치사스럽다는 느낌은 없을까 없지 않다.

그러나 위풍당당 일세를 풍미할 만한 참신무비한 햄릿을 하나 출세시키기 위하여는 이만한 출자는 아끼지 말아야 하지 않을까 하는 느낌도 없지 않다.

나는 가을. 소녀는 해동기.

어느 제나 이 두 사람이 만나서 즐거운 소꿉장난을 한 번 해 보리까.

나는 그 해 봄에도——

부질없는 세상이 스스러워서 상설 같은 위엄을 갖춘 몸으로 한심한 불우의 일월을 맞고 보내지 않으면 안 되었다.

미문, 미문, 애하! 미문.

미문이라는 것은 적이 조처하기 위험한 수작이니라.

나는 내 감상의 꿀방구리 속에 청산 가던 나비처럼 마취 혼사하기 자
칫 쉬운 것이다. 조심조심 나는 내 맵시를 고쳐야 할 것을 안다.

나는 그 날 아침에 무슨 생각에서 그랬던지 이를 닦으면서 내 작성
중에 있는 유서 때문에 끙끙 앓았다.

열세 벌의 유서가 거의 완성돼 가는 것이었다. 그러나 그 어느 것을
집어내 보아도 다 같이 서른여섯 살에 자살한 어느 '천재'가 머리맡에
놓고 간 개세의 일품의 아류에서 일보를 나서지 못했다. 내게 요만 재
주밖에는 없느냐는 것이 다시 없이 분하고 억울한 사정이었고 또 초조
의 근원이었다. 미간을 찌푸리되 가장 고매한 얼굴을 지속해야 할 것을
잊어버리지 않고 그리고 계속하여 끙끙 앓고 있노라니까(나는 일시 일
각을 허송하지는 않는다. 나는 없는 지혜를 끊이지 않고 쥐어짠다) 속달
편지가 왔다. 소녀에게서다.

선생님! 어제 저녁 꿈에도 저는 선생님을 만나뵈었습니다. 꿈 가
운데 선생님은 참 다정하십니다. 저를 어린애처럼 귀여워해 주십니
다.

그러나 백일 아래 표표하신 선생님은 저를 부르시지 않습니다.

비굴이라는 것이 무슨 빛으로 되어 있나 보시려거든 선생님은 거
울을 한 번 보아 보십시오. 거기 비치는 선생님의 얼굴빛이 바로
비굴이라는 것의 빛입니다.

헤어진 부인과 3년을 동거하시는 동안에 너 가거라 소리를 한 마
디도 하신 일이 없다는 것이 선생님의 유일의 자만이십니다그려!
그렇게까지 선생님은 인정에 구구하신가요.

R과도 깨끗이 헤어졌습니다. S와는 절연한 지 벌써 다섯 달이나
된다는 것은 선생님께서도 믿어 주시는 바지요? 다섯 달 동안 저에

게는 아무것도 없습니다. 저의 청절을 인정해 주시기 바랍니다. 저의 최후까지 더럽히지 않은 것을 선생님께 드리겠습니다. 저의 희멀건 살의 매력이 이렇게 다섯 달 동안이나 놀고 있는 것은 참 무엇이라고 말할 수 없이 아깝습니다. 저의 잔털 나스르르한 목, 연한 온도가 선생님을 기다리고 있습니다. 선생님이여! 저를 부르십시오. 저더러 영영 오라는 말을 안 하시는 것은 그것 역시 가신 적 경우와 똑같은 이론에서 나온 구구한 인생 변호의 치사스러운 수법이신가요? 영원히 선생님 '한 분'만을 사랑하지요. 어서어서 저를 전적으로 선생님만의 것을 만들어 주십시오. 선생님의 '전용'이 되게 하십시오.

제가 아주 어수룩한 줄 오산하고 계신 모양인데 오산 치고는 좀 어림없는 큰 오산이리다.

네 판은 제법 든든한 줄만 믿고 있는데 그 안전 지대라는 것을 너는 아마 하나 가진 모양인데 그까짓 것쯤 내 말 한마디에 사태가 나고 말리라 이렇게 일러 드리고 싶습니다. 또——

예끼! 구역질 나는 인생 같으니 이러고도 싶습니다.

3월 3일날 오후 두 시에 동소문 버스 정류장 앞으로 꼭 와야 되지 그렇지 않으면 큰일 나요. 내 징벌을 안 받지 못하리다.

만 19세 2개월을 맞이하는 정희 올림

이상 선생님께

물론 이것은 죄다 거짓부렁이다. 그러나 그 일촉즉발의 아슬아슬한 용심법이 특히 그 중에도 결미의 비견할 데 없는 청초함이 장히 질풍신뢰를 품은 듯한 명문이다.

나는 까무러칠 뻔하면서 혀를 내어둘렀다. 나는 깜빡 속기로 한다. 속

고 만다.

여기 이 이상 선생님이라는 허수아비 같은 나는 지난 밤 사이에 내 평생을 경력했다. 나는 드디어 쭈글쭈글하게 노쇠해 버렸던 차에 아침 (이 온 것)을 보고 이키! 남들이 보는 데서는 나는 가급적 어쭙지 않게 (잠을) 자야 되는 것이어늘, 하고 늘 이를 닦고 그리고는 도로 얼른 자버릇하는 것이었다. 오늘도 또 그럴 세음이었다.

사람들은 나를 보고 짐짓 기이하기도 해서 그러는지 경천동지의 육중한 경륜을 품은 사람인가 보다고들 속는다. 그러니까 그렇게 하는 것이 내 시시한 자세나마 유지시킬 수 있는 유일무이의 비결이었다. 즉 나는 남들 좀 보라고 낮에 잔다.

그러나 그 편지를 받고 흔희작약(너무 좋아 뛰며 기뻐함), 나는 개세의 경륜과 유서의 고민을 깨끗이 씻어 버리기 위하여 바로 이발소로 갔다. 나는 여간 아니 호걸답게 입술에다 치분을 허옇게 묻혀 가지고는 그 현란한 거울 앞에 가 앉아 이제 호화장려하게 개막하려 드는 내 종생을 유유히 즐기기로 거기 해당하게 내 맵시를 수습하는 것이었다.

우선 그 작소라는 뇌명(세상에 널리 알려진 이름)까지 있는 봉발(텁수룩한 머리)을 썰어서 상고머리라는 것을 만들었다. 오각수는 깨끗이 도태해 버렸다. 귀를 우비고 코털을 다듬었다. 안마도 했다. 그리고 비누 세수를 한 다음 문득 거울을 들여다보니 품 있는 데라고는 한 귀퉁이도 없어 보이는 듯하면서 또한 태생을 어찌 어기리요. 좋도록 말해서 라파엘 전파 일원같이 그렇게 청초한 백면서생이라고도 보아 줄 수 있지 하고 실없이 제 얼굴을 미남자거니 고집하고 싶어하는 구지레한 욕심을 내심 탄식하였다.

아차! 나에게도 모자가 있다. 겨우내 구기박질러 두었던 것을 부득부득 끄집어내어다 15분간 세탁소로 가지고 가서 멀쩡하게 만들었다. 그리고 흰 바지저고리에 고동색 대님을 다 치고 차림차림이 제법 이색이었다. 공단은 못 되나마 능직 두루마기에 이만하면 고왕금래 모모한 천재의 풍모에 비겨도 조금도 손색이 없으리라. 나는 내 그런, 여간 이만 저만하지 않은 풍모를 더욱더욱 이만저만하지 않게 모디파이어하기 위하여 가늘지도 굵지도 않은 그다지 알맞은 단장을 하나 내 손에 쥐어 주어야 할 것도 때마침 잊어버리지는 않았다.

별수없이——

오늘이 즉 3월 3일인 것이다.

나는 점잖게 한 30분쯤 지각해서 동소문 지정 받은 자리에 도착하였다. 정희는 또 정희대로 아주 정희답게 한 30분쯤 일찍 와서 있다.

정희의 입상은 제정 러시아적 우편 딱지처럼 적잖이 슬프다. 이것은 아직도 얼음을 품은 바람이 해토머리답게 싸늘해서 말하자면 정희의 모양을 얼마간 침통하게 해 보인 탓이렷다.

나는 이런 경우에 천만 뜻밖에도 눈물이 핑 눈에 그뜩 돌아야 하는 것이 꼭 맞는 원칙으로서의 의표가 아닐까 그렇게 생각하면서 저벅저벅 정희 앞으로 다가갔다.

우리들은 이 땅을 처음 찾아온 제비 한 쌍처럼 잘 앙증스럽게 만보하기 시작했다. 걸어가면서도 나는 내 두루마기에 잡히는 주름살 하나에도 단장을 한 번 휘젓는 곡절에도 세세히 조심한다. 나는 말하자면 내 우연한 종생을 감쪽스럽도록 찬란하게 허식하기 위하여 내 박빙을 밟는 듯한 포즈를 아차 실수로 무너뜨리거나 해서는 절대로 안 된다는 것을 굳게굳게 명심하고 있는 까닭이다.

그러면 맨 처음 발언으로는 나는 어떤 기절참절한 경구를 내어놓아야 할 것인가, 이것 때문에 또 잠깐 머뭇머뭇하지 않을 수도 없었지만 그렇다고 바로 대고 거 어쩌면 그렇게 똑 제정 러시아적 우표 딱지같이 초초하니 어쩌니 하는 수는 차마 없다.

　나는 선뜻,

　"설마가 사람을 죽이느니."

하는 소리를 저 뱃속에서부터 우러나오는 듯한 그런 가라앉은 목소리에 꽤 명료한 발음을 얹어서 정희 귀 가까이다 대고 지껄여 버렸다. 이만하면 아마 그 경우의 최초의 발성으로는 무던히 성공한 편이리라. 뜻인즉, 네가 오라고 그랬다고 그렇게 내가 불쑥 올 줄은 너 꿈에도 생각하지 못했으리라는 꼼꼼한 의도다.

　나는 아침 반찬으로 콩나물을 3전어치는 안 팔겠다는 것을 교묘히 무사히 3전어치만 살 수 있는 것과 같은 미끈한 쾌감을 맛본다. 내 딴은 다행히 노랑돈 한 푼도 참 용하게 낭비하지는 않은 듯싶었다.

　그러나 그런 내 청천에 벽력이 떨어진 것 같은 인사에 대하여 정희는 실로 대답이 없다. 이것은 참 큰일이다.

　아이들이 고추 먹고 맴맴, 담배 먹고 맴맴 하고 노는 그런 암팡진 수단으로 그냥 단번에 나를 어지러뜨려서는 넘어뜨려 버릴 작정인 모양이다.

　정말 그렇다면!

　이 상쾌한 정희의 확호 부동 자세야말로 엔간치 않은 출품이 아닐 수 없다. 내가 내어놓은 바 살인촌철은 그만 즉석에서 분쇄되어 가엾은 부작으로 나려 떨어지고 마는 것이다 하고 나는 느꼈다.

　나는 나로서 할 수 있는 가장 큰 규모의 손짓 발짓을 한 번 해 보이고 이윽고 낙담하였다는 것을 표시하였다. 일이 여기 이른 바에는 내 포즈 여부가 문제 아니다. 표정도 인제 더 써먹을 것이 남아 있을 성싶지도 않고 해서 나는 겸연쩍게 안색을 좀 고쳐 가지고 그리고 정희! 그럼 나는 가겠소, 하고 깍듯이 인사하고 그리고?

나는 발길을 돌려서 집을 향해 걷기 시작했다. 내 파란만장의 생애가 자자레한 말 한 마디로 하여 그만 회진(재와 불탄 끄트머리)으로 돌아가고 만 것이다. 나는 세상에도 참혹한 풍채 아래서 내 종생을 치른 것이다고 생각하면서 그렇다면 그럼 그럴 성싶기도 하게 단장도 한두 번 휘두르고 입도 좀 일그적일그적 해 보기도 하고 하면서 행차하는 체 해 보인다.

5초——10초——20초——30초——1분——

결코 뒤를 돌아다보거나 해서는 못 쓴다. 어디까지든지 사심 없이 패배한 체하고 걷는 체한다. 실심한 체한다.

나는 사실은 좀 어지럽다. 내 쇠약한 심장으로는 이런 자약한 체조를 그렇게 장시간 계속하기가 썩 어려운 것이다.

묘지명이라. 일세의 귀재 이상은 그 통생의 대작 〈종생기〉 1편을 남기고 서력 기원 후 1937년 정축 3월 3일 미시 여기 백일 아래서 그 파란만장(?)의 생애를 끝막고 문득 졸하다. 향년 만 25세와 11개월. 명호라! 상심커다. 허탈하야 잔존하는 또 하나의 이상 구천을 우러러 호곡하고 이 한산 일편석을 세우노라. 애인 정희는 그대의 몰후 수삼인의 비첩된 바 있고 오히려 장수하니 지하의 이상아! 바라건댄 명목(죽음)하라.

그리 칠칠치는 못하나마 이만큼 해 가지고 이꼴 저꼴 구지레한 흠집을 살짝 도회(자기의 재능을 감춤)하기로 하자. 고만 실수는 여상의 묘기로 겸사겸사 메우고 다시 나는 내 반생의 진용 후일에 관해 차근차근 고려하기로 한다. 이상.

역대의 에피그램과 경국의 철칙이 다 내게 있어서는 내 위선을 암장하는 한 스무드한 구실에 지나지 않는다. 실로 나는 내 낙명의 자리에서도 임종의 합리화를 위하여 코로——처럼 도색의 팔렛을 볼 수도 없거니와 톨스토이처럼 탄식해 주고 싶은 쥐꼬리만한 금언의 추억도 가지지 않고 그냥 난데없이 다리를 삐어 넘어지듯이 스르르 죽어가리라.

거룩하다는 칭호를 휴대하고 나를 찾아오는 '연애'라는 것을 응수하는 데 있어서도 어디서 어떤 노소간의 의뭉스러운 선인들이 발라먹고 내어버린 그런 유훈을 나는 헐값에 걷어들여다가는 제련 재탕 다시 써먹는다는 줄로만 알았다가도 또 내게 혼나는 경우가 있으리라.

나는 찬밥 한 술 냉수 한 모금을 먹고도 넉넉히 일세를 위압할 만한 '고언'을 적적할 수 있는 그런 지혜의 실력을 가졌다.

그러나 자의식의 절정 위에 발돋움을 하고 올라선 단말마의 비결을 보통 야시 국수버섯을 팔러 오신 시골 아주먼네에게 서너 푼에 그냥 넘겨 주고 그만두는 그렇게까지 자신의 에티켓을 미화시키는 겸허의 방식도 또한 나는 무루히(빠짐 없이) 터득하고 있는 것이다. 당목할지어다. 이상.

난마와 같이 갈피를 잡을 수 없는 얼마간 비극적인 자기 탐구.

이런 흑발 같은 남루한 주제는 문벌이 버젓한 나로서 채택할 신세가 아니거니와 나는 태서의 에티켓으로 차 한 잔을 마실 적의 포즈에 대하여도 세심하고 세심한 용의가 필요하다.

휘파람 한 번을 분다 치더라도 내 극비리에 정선 은닉된 절차를 온고하여야만 한다. 그런 다음이 아니고는 나는 희망 잃은 황혼에서도 휘파람 한 마디를 마음대로 불 수는 없는 것이다.

동물에 대한 고결한 지식?

사슴, 물오리, 이 밖의 어떤 종류의 동물도 내 애니멀 킹덤에서는 낙탈되어 있어야 한다. 나는 이 수렵용으로 귀여히 가여히 되어 먹어 있는 동물 외의 동물에 언제든지 무가내하로(어찌할 수 없이) 무지하다.

또——

그럼 풍경에 대한 오만한 처신법?

어떤 풍경을 묻지 않고 풍경의 근원, 중심, 초점이 말하자면 나 하나 '도련님'다운 소행에 있어야 할 것을 방약무인으로 강조한다. 나는 이 맹목적 신조를 두 눈을 그대로 딱 부르감고 믿어야 된다.

자진한 '우매', '몰각'이 참 어렵다.

보아라. 이 자득하는 우매의 절기를! 몰각의 절기를.

백구는 의백사하니 막부춘초벽하라.

이태백. 이 전후만고의 으리으리한 '화족'. 나는 이태백을 닮기도 해야 한다. 그러기 위하여 오언 절구 한 줄에서도 한 자 가량의 태연자약한 실수를 범해야만 한다. 현란한 문벌이 풍기는 가히 범할 수 없는 기품과 세도가 넉넉히 고시 한 절쯤 서슴지 않고 생채기를 내어놓아도 다들 어수룩한 체들 하고 속느니 하는 교만한 미신이다.

곱게 빨아서 곱게 다리미질을 해 놓은 한 벌 슈미즈에 꼬박 속는 청절처럼 그렇게 아담하게 나는 어떠한 차질에서도 거뜬하게 얄미운 미소와 함께 일어나야만 하는 것이니까.

오늘날 내 한 씨족이 분명치 못한 소녀에게 섣불리 딴죽을 걸려 넘어진다기로소니 이대로 내 숙망(오래도록 품은 소망)의 호화장려한 종생을 한 방울 하잘것없는 오점을 내는 채 투시해서야 어찌 초지의 만일에 응답할 수 있는 면목이 족히 서겠는가, 하는 허울좋은 구실이 영일 밤보다도 오히려 한 뼘 짧은 내 전정(앞길)에 대두하기 시작하는 것이었다.

완만 착실한 서술!

나는 과히 눈에 띄울 성싶지 않은 한 지점을 재재바르게 붙들어서 거기서 공중 담배를 한 갑 사(주머니에 넣고) 피워 물고 정희의 뻔——한 걸음을 다시 뒤따랐다.

나는 그저 일상의 다반사를 간과하듯이 범연하게 휘파람을 불고, 내 구두 뒤축이 아스팔트를 디디는 템포, 음향 이런 것들의 귀찮은 조절에도 깔끔히 정신차리면서 넉넉잡고 3분, 다시 돌친 걸음은 정희와 어깨를 나란히 걸을 수 있었다. 부질없는 세상에 제 심각하면 침통하면 또 어쩌겠느냐는 듯싶은 서운한 눈의 위치를 동소문 밖 신개지 풍경 어디라고 정치 않은 한 점에 두어 두었으니 보라는 듯한 부득부득 지근거리는 자세면서도 또 그렇지도 않을 성싶은 내 묘기 중에도 묘기를 더한층 허겁지겁 연마하기에 골똘하는 것이었다.

일모 청산——

날은 저물었다. 아차! 아직 저물지 않은 것으로 하는 것이 좋을까 보다.

날은 아직 저물지 않았다.

그러면 아까 장만해 둔 세간 기구를 내세워 어디 차근차근 살림살이를 한 번 치뤄 볼 천우의 호기가 내 앞으로 다다랐나 보다. 자——

태생은 어길 수 없어 비천한 '티'를 감추지 못하는 딸——전기 사치한 소녀 운운은 어디까지든지 이 바보 이상의 호의에서 나온 곡해다. 모파상의 〈비곗덩어리〉를 생각하자. 가족은 미만 14세의 딸에게 매음시켰다. 두 번째는 미만 19세의 딸이 자진했다. 아——세 번째는 그 나이 스물두 살이 되던 해 봄에 얹은 낭자를 내리우고 게다 다홍 댕기를 들여 늘어뜨려 편발 처자를 위조하여서는 대거하여 강행으로 매끽하여 버렸다.

비천한 뉘 집 딸이 해빙기의 시냇가에 서서 입술이 낙화지듯 좀 파래지면서 박빙 밑으로는 무엇이 저리도 움직이는가고 고개를 갸웃거리는 듯이 숙이고 있는데 봄 방향을 품은 훈풍이 불어와서 스커트, 아니 너무나, 슬퍼 보이는, 아니, 좀 슬퍼 보이는 홍발을 나붓나붓 건드리면——

좀 슬퍼 보이는 홍발을 나붓나붓 건드리면——.

여상이다. 이 개기름 도는 가소로운 무대를 앞에 두고 나는 나대로 나답게 가문이라는 자자레한 '투'는 어떤 일이 있더라도 잊어버리지 않고 채석장 희멀건 단층을 건너다보면서 탄식 비슷이,

'지구를 저며 내는 사람들은 역시 자연 파괴자리라'는 둥,

'개아미 집이야말로 과연 정연하구나'라는 둥,

'비가 오면, 아, 천하에 비가 오면'

'작년에 났던 초목이 올해에도 또 돋으려누, 귀불귀란 무엇인가'라는 둥——

치레 잘하면 제법 의젓스러워도 보일 만한 가장 한산한 과제로만 골라서 점잖게 방심해 보여 놓는다.

정말일까? 거짓말일까. 정희가 불쑥 말을 한다. 한 소리가, '봄이 이렇게 왔군요' 하고 윗니는 좀 사이가 벌어져서 보기 흉한 듯하니까 살짝 가리고 곱다고 자처하는 아랫니를 보이지 않으려고 했지만 부지불식간에 그렇게 내다보인 것을 또 어쩝니까 하는 듯싶어 가증하게 내어보이면서 또 여간해서 어림이 서지 않는 어중간한 얼굴을 그 위에 얹어 내세우는 것이었다.

좋아, 좋아, 그만하면 잘 되었어.

나는 고개 대신에 단장을 끄덕끄덕해 보이면서 창졸간에 그만 정희 어깨 위에다 손을 얹고 말았다.

그랬더니 정희는 적이 해괴해하노라는 듯이 잠시는 묵묵하더니——

정희도 문벌이라든가 혹은 간단히 말해 에티켓이라든가 제법 배워서 짐작하노라고 속삭이는 것이 아닌가.

꿀꺽!

넘어 가는 내 지지한 종생, 이렇게도 실수가 허해서야 물질적 전생애

를 탕진해 가면서 사수하여 온 산호편의 대의가 대체 어디 있느냐? 내 내 울화가 북받쳐 혼도할 것 같다.

흥천사 으슥한 구석방에 내 종생의 갈력(있는 힘을 다함)이 정희를 이끌어 들이기도 전에 나는 밤 쓸쓸히 거짓말깨나 해 놓았다.

나는 내가 그윽히 음모한 바 천고불역의(오랜 세월 변하지 않는) 탕아, 이상의 자자레한 문학의 빈민굴을 교란시키고자 하던 가지가지 진기한 연장이 어느 겨를에 빼물르기 시작한 것을 여기서 깨달아야 되나 보다. 사회는 어떠쿵, 도덕이 어떠쿵, 내면적 성찰·추구·적발·징벌은 어떠쿵, 자의식 과잉이 어떠쿵, 제 깜냥에 번지레한 칠을 해내어 걸은 치사스러운 간판들이 미상불 우스꽝스럽기가 그지없다.

'독화'

족하는 이 꼭두각시 같은 어휘 한 마디를 잠시 맡아 가지고 계셔 보구려?

예술이라는 허망한 아궁지 근처에서 송장 근처에서보다도 한결 더 썰썰 기고 있는 그들 해반주룩한 사도의 혈족들 땟국내 나는 틈에 가 끼기워서, 나는——

내 계집의 치마 단속곳을 갈갈이 찢어 놓았고, 버선 켤레를 걸레를 만들어 놓았고, 검던 머리에 곱던 양자, 영악한 곰의 발자국이 질컥 디디고 지나간 것처럼 얼굴을 망가뜨려 놓았고, 지기친척의 돈을 뭉청 떼어먹었고, 좌수터 유래 깊은 상호를 쑥밭을 만들어 놓았고, 겁쟁이 취리자는 고랑 떼를 먹여 놓았고, 대금업자의 수금인을 졸도시켰고, 사장과 취체역과 사돈과 아범과 애비와 처남과 처제와 또 애비와 애비의 딸과 딸이 허다중생으로 하여금 서로서로 이간을 붙이고 붙이게 하고 얼버무려서 싸움질을 하게 해 놓았고, 사글세방 새 다다미에 잉크와 요강과 팥죽을 엎질렀고, 누구 누구를 임포텐스를 만들어 놓았고——

'독화'라는 말의 콕 찌르는 맛을 그만하면 어렴풋이나마 어떻게 짐작이 서는가 싶소이까.

잘못 빚은 증편(쌀가루에 막걸리를 섞어 찐 떡) 같은 시 몇 줄, 소설 서너 편을 꿰어차고 조촐하게 등장하는 것을 아 무엇인 줄 알고 깜빡 속고 섣불리 손뼉을 한두 번 쳤다는 죄로 제 계집 간음당한 것보다도 더 큰 망신을 일신에 짊어지고 그리고는 앙탈 비슷이 시치미를 떼지 않으면 안 되는 어디까지든지 치사스러운 예의 절차——마귀(터주가)의 소행(덧났다)이라고 돌려 버리자?

'독화'

물론 나는 내일 새벽에 내 길들은 노상에서 무려 내게 필적하는 한 숨은 탕아를 해후할는지도 마치 모르나, 나는 신바람이 난 무당처럼 어깨를 치켰다 젖혔다 하면서라도 풍마우세의 고행을 얼른 그렇게 쉽사리 그만두지는 않는다.

아아, 어쩐지 전신이 몹시 가렵다. 나는 무연한 중생의 뭇 원한 탓으로 악역의 범함을 입나 보다. 나는 은근히 속으로 앓으면서 토일렛 정한 대야에다 양손을 정하게 씻은 다음 내 자리로 돌아와 앉아 차근차근 나 자신을 반성 회오(뉘우치고 깨달음)——쉬운 말로 자자레한 세음을 좀 놓아 보아야겠다.

에티켓? 문벌? 양식? 번신술?

그렇다고 내가 찔끔 정희 어깨 위에 얹었던 손을 뚝 떼인다든지 했다가는 큰 망발이다. 일을 잡치리라. 어디까지든지 내 빰의 홍조만을 조심하면서 좋아, 좋아, 좋아, 그래만 주면 된다. 그러고 나서 피차 다 알아들었다는 듯이 어깨에 손을 얹은 채 어깨를 나란히 흥천사 경내로 들어갔다. 가서 길을 별안간 잃어버린 것처럼 자분참 산 위로 올라가 버린다. 산 위에서 이번에는 정말 포즈를 하릴없이 무너뜨렸다는 것처럼 정

교하게 머뭇머뭇해 준다. 그러나 기실 말짱하다.

풍경 소리가 똑 알맞다. 이런 경우에는 제법 번듯한 식자가 있는 사람이면——

아아, 나는 왜 늘 항례에서 비켜서려 드는 것일까? 잊었느냐? 비싼 월사를 바치고 얻은 고매한 학문과 예절을, 현역 육군 중좌에게서 받은 추상 열일의(엄하고 권위 있는) 훈육을, 왜 나는 이 경우에 버젓하게 내세우지를 못하느냐?

창연한 고찰 유루없는 장치에서 나는 정신차려야 한다. 나는 내 쟁쟁한 이력을 솔직하게 써먹어야 한다. 나는 고개를 숙이고 담배를 한 대 피워 물고 도장에 들어가는 소, 죽기보다 싫은 서투르고 근질근질한 포즈 체모독주에서 어지간히 성공해야만 한다.

그랬더니 그만두잔다. 당신의 그 어림없는 몸치렐랑 그만두세요, 저는 어지간히 식상이 되었습니다 한다.

그렇다면?

내 꾸준한 노력도 일조일석에 수포로 돌아가는 것이 아닌가.

대체 정희라는 가련한 '석녀'가 제 어떤 재간으로 그런 음흉한 내 간계를 요만큼까지 간파했다는 것이냐.

일시에 기진한다. 맥은 탁 풀리고는 앞이 팽 돌다 아찔하는 것이 이러다가 까무러치려나 보다고 극력 단장을 의지하여 버텨 보노라니까 희라! 내 기사회생의 종생도 이번만은 회춘하기 자히 어려울 듯싶다.

이상! 당신은 세상을 경영할 줄 모르는 말하자면 병신이오. 그다지도 '미혹'하단 말씀이오? 건너다보니 절터지요? 그렇다 하더라도 《카라마조프의 형제》나 《40년》을 좀 구경삼아 들러 보시지요.

아니지! 정희! 그게 뭐냐 하면 나도 살고 있어야 하겠으니 너도 살자는 사기, 속임수, 일부러 만들어 내어 놓은 미신 중에도 가장 우수한 무서운 주문이오.

　이상! 그러지 말고 시험삼아 한 발만, 한 발자국만 저 개흙밭에다 들여 놓아 보시지요.

　이 악보같이 스무스한 담소 속에서 비칠비칠하노라면 나는 내게 필적하는 천의무봉의 탕아가 이 목첩간에 있는 것을 느낀다. 누구나 제 내어놓았던 헙수룩한 포즈를 걷어치우느라고 허겁지겁들 할 것이다. 나도 그 때 내 슬하에 이렇게 유산되는 자손을 느끼면서 만재에 드리우는 이 극흉극비 종가의 부적을 앞에 놓고서 적이 불안하게 또 한편으로는 적이 안일하게 운명하는 마지막 낙백(넋을 잃음)이 내 종생을 애오라지 방불히 하는 것이다.

　나는 내 분묘 될 만한 조촐한 터전을 찾는 듯한 그런 서글픈 마음으로 정희를 재촉하여 그 언덕을 내려왔다. 등뒤에 들리는 풍경 소리는 진실로 내 심통을 돕는 듯하다고 사자하면 정경을 한층 더 반듯하게 매만져 놓는 한 도움이 되리라. 그럼 진실로 풍경 소리는 내 등 뒤에서 내 마지막 심통함을 한층 더 들볶어 놓는 듯하더라.

　미문에 견줄 만큼 위태위태한 것이 절승(빼어난 경치)에 혹사한 풍경이다. 절승에 혹사한 풍경을 미문으로 번안 모사해 놓았다면 자칫 실족 익사하기 쉬운 웅덩이나 다름없는 것이니 첨위(여러분)는 아예 가까이 다가서서는 안된다. 도스토예프스키나 고리키는 미문을 쓰는 버릇이 없는 체했고 또 황량, 아담한 경치를 '취급' 하지 않았으되 이 의뭉스러운 어른들은 오직 미문은 쓸 듯 쓸 듯, 절승 경개는 나올 듯 나올 듯, 해만 보이고 끝끝내 아주 활짝 꼬랑지를 내보이지는 않고 그만둔 구렁이 같은 분들이기 때문에 그 기만술은 한층 더 진보된 것이며, 그런 만큼 효과가 또 절대하여 천 년을 두고 만 년을 두고 내리내리 부질없는 위무를 바라는 중속들을 잘 속일 수 있는 것이다. 그러나——왜 나는 미끈

하게 솟아 있는 근대 건축의 위용을 보면서 먼저 철근 철골, 시멘트와 세사, 이것부터 선뜩하니 감응하느냐는 말이다.

씻어 버릴 수 없는 숙명의 호곡, 몽골리안 플렉(몽고지)——오뚝이처럼 쓰러져도 일어나고, 쓰러져도 일어나고 하니 쓰러지나 섰으나 마찬가지 의지할 얄팍한 벽 한 조각 없는 고독, 고고, 독개, 초초.

나는 오늘 대오한 바 있어 미문을 피하고 절승의 풍광을 격하여 소조하게 왕생하는 것이며 숙명의 슬픈 투시벽은 깨끗이 벗어 놓고 온아종용, 외로우나마 따뜻한 그늘 안에서 실명(목숨을 잃음)하는 것이다.

의료하지 못한 이 홀홀한 '종생' 나는 요절인가 보다. 아니 중세최절인가 보다. 이길 수 없는 육박, 눈 멀은 떼까마귀의 매언 속에서 탕아 중에서도 탕아, 술객 중에도 술객 이 난공불락의 관문의 괴멸, 구세주의 최후연히 방방곡곡이 여독은 삼투하는 허식 중에도 허식의 표백이다. 출색의 표백이다.

내부가 있는 불의. 내부가 없는 불의. 불의는 즐겁다. 불의의 주가낙락한 풍미를 족하는 아시나이까. 윗니는 좀 잇새가 벌고 아랫니만이 고운 이 한경같이 결함의 미를 갖춘 깜찍스럽게 시치미를 뗄 줄 아는 얼굴을 보라. 7세까지 옥잠화 속에 감춰 두었던 장분만을 바르고 그 후 분을 바른 일도 세수를 한 일도 없는 것이 유일의 자랑거리. 정희는 사팔뜨기다. 이것은 무엇으로도 대항하기 어렵다. 정희는 근시 6도다. 이것은 무엇으로도 대항할 수 없는 선천적 훈장이다. 좌난시, 우색맹, 아아 이는 실로 완벽이 아니면 무엇이랴.

속은 후에 또 속았다. 또 속은 후에 또 속았다. 미만 14세에 정희를 그 가족이 강행으로 매춘시켰다. 나는 그런 줄만 알았다. 한 방울 눈물——

그러나 가족이 강행하였을 때쯤은 정희는 이미 자진하여 매춘한 후

오래오래 후다. 다홍 댕기가 늘 정희 등에서 나부꼈다. 가족들은 불의에 올 재앙을 막아 줄 단 하나 값나가는 다홍 댕기를 기탄없이 믿었건만——

그러나——

불의는 귀인답고 참 즐겁다. 간음한 처녀——이는 불의 중에도 가장 즐겁지 않을 수 없는 영원의 밀림이다.

그럼 정희는 게서 멈추나?

나는 자기 소개를 한다. 나는 정희에게 분모를 지기 싫기 때문에 잔인한 자기 소개를 하는 것이다.

나는 벼를 본 일이 없다. 자전차를 탈 줄 모른다. 생년월일을 가끔 잊어버린다. 구십 노조모가 이팔 소부로 어느 하늘에서 시집 온 십대조의 고성을 내 손으로 헐었고, 녹엽 천년의 호두나무 아름드리 근간을 내 손으로 베었다. 은행나무는 원통한 가문을 골수에 지니고 찍혀 넘어간 뒤 장장 4년 해마다 봄만 되면 독시(독화살) 같은 싹이 엄돋는 것이었다.

나는 그러나 이 모든 것에 견뎠다. 한 번 석류나무를 휘어잡고 나는 폐허를 나섰다.

조숙 난숙 감 썩는 골머리 때리는 내. 생사의 기로에서 완이이소, 표한무쌍의 척구 음지에 창백한 꽃이 피었다.

나는 미만 14세 적에 수채화를 그렸다. 수채화의 파과. 보아라 목저같이 야윈 팔목에서는 삼동에도 김이 무럭무럭 난다. 김나는 팔목과 잔털 나 스르르한 매춘하면서 자라나는 회충같이 매혹적인 살결. 사팔뜨기와 내 흰자위 없는 짝짝이 눈. 옥잠화 속에서 나오는 기술 같은 석일(지난 날)의 화장과 화장 전폐, 이에 대항하는 내 자전차 탈 줄 모르는 아슬아슬한 천품. 다홍 댕기에 불의와 불의를 방임하는 속수무책의 내 나태.

심판이여! 정희에 비교하여 내게 부족함이 너무나 많지 않소이까?

비등 비등? 나는 최후까지 싸워 보리라.

홍천사 으슥한 구석방 한 칸, 방석 두 개, 화로 한 개, 밥상, 술상——접전 수십 합. 좌충우돌. 정희의 허전한 관문을 나는 노사의 힘으로 들이친다. 그러나 돌아오는 반발의 흥기는 갈 때보다도 몇 배나 더 큰 힘으로 나 자신의 손을 시켜 나 자신을 살상한다.

지느냐. 나는 그럼 지고 그만두느냐.

나는 내 마지막 무장을 이 전장에 내세우기로 하였다. 그것은 즉 주란(술주정)이다.

한 몸을 건사하기조차 어려웠다. 나는 게울 것만 같았다. 나는 게웠다. 정희 스커트에다, 정희 스타킹에다.

그러고도 오히려 나는 부족했다. 나는 일어나 춤추었다. 그리고 그 방뒤 쌍창 미닫이를 열어젖히고 나는 예서 떨어져 죽는다고 마지막 한 벌 힘만을 아껴 남기고는 나머지 있는 힘을 다하여 난간을 잡아 흔들었다. 정희는 나를 붙들고 말린다. 말리는데 안 말리는 것도 같았다. 나는 정희 스커트를 잡아제쳤다. 무엇인가 철썩 떨어졌다. 편지다. 내가 집었다. 정희는 모른 체한다.

속달(S와도 절연한 지 다섯 달이나 된다는 것은 선생님께서도 믿어 주시는 바지요? 하던 S에게서다).

정희! 노하였소? 어젯밤 태서관 별장의 일! 그것은 결코 내 본의는 아니었소. 나는 그 요구를 하려 정희를 그 곳까지 데리고 갔던 것은 아니오. 내 불민을 용서하여 주기 바라오. 그러나 정희가 뜻밖에도 그렇게까지 다소곳한 태도를 보여 주었다는 것으로 자위를 삼겠소.

정희를 하루라도 바삐 나 혼자만의 것을 만들어 달라는 정희의 열렬한 말을 물론 나는 잊어버리지는 않겠소. 그러나 지금 형편으로는 '아내'라는 저 추물을 처치하기가 정희가 생각하는 바와 같이 그렇게 쉬운 일은 아니오.

오늘(3월 3일) 오후 여덟 시 정각에 금화장 주택지 그 때 그 자리에서 기다리고 있겠소. 어제 일을 사과도 하고 싶고 달이 밝을 듯하니 송림을 거닙시다. 거닐면서 우리 두 사람만의 생활에 대한 설계도 의논하여 봅시다.

3월 3일 아침 S

내게 속달을 띄우고 나서 곧 뒤이어 받은 속달이다.

모든 것은 끝났다. 어젯밤에 정희는——

그 낮으로 오늘 정희는 내게 이상 선생님께 드리는 속달을 띄우고 그 낮으로 또 나를 만났다. 공포에 가까운 번신술이다. 이 황홀한 전율을 즐기기 위하여 정희는 무고의 이상을 징발했다. 나는 속고 또 속고 또 또 속고 또 또 또 속았다.

나는 물론 그 자리에 혼도하여 버렸다. 나는 죽었다. 나는 황천을 헤매었다. 명부에는 달이 밝다. 나는 또다시 눈을 감았다. 태허에 소리 있어 가로되 너는 몇 살이뇨? 만 25세와 11개월이올시다. 요사(젊은 나이에 죽음)로구나. 아니올시다. 노사올시다.

눈을 다시 떴을 때에 거기 정희는 없다. 물론 여덟 시가 지난 뒤였다. 정희는 그리 갔다. 이리하여 나의 종생은 끝났으되 나의 종생기는 끝나지 않는다. 왜?

정희는 지금도 어느 빌딩 걸상 위에서 드로어즈의 끈을 푸는 중이요, 지금도 어느 태서관 별장 방석을 베고 드로어즈의 끈을 푸는 중이요,

지금도 어느 송림 속 벗어 놓은 외투 위에서 드로어즈의 끈을 성히 푸는 중이니까다.

이것은 물론 내가 가만히 있을 수 없는 재앙이다.

나는 이를 간다.

나는 걸핏하면 까무러친다.

나는 부글부글 끓는다.

그러나 지금 나는 이 철천의 원한에서 슬그머니 좀 비켜서고 싶다. 내 마음의 따뜻한 평화 따위가 다 그리워졌다.

즉 나는 시체다. 시체는 생존하여 계신 만물의 영장을 향하여 질투할 자격도 능력도 없는 것이라라는 것을 나는 깨닫는다.

정희, 간혹 정희의 후틋한 호흡이 내 묘비에 와 슬쩍 부딪는 수가 있다. 그런 때 내 시체는 홍당무처럼 화끈 달으면서 구천을 꿰뚫어 슬피 호곡한다.

그 동안에 정희는 여러 번 제(내 때꼽재기도 묻은) 이부자리를 찬란한 일광 아래 널어 말렸을 것이다. 누누한 이 내 혼수 덕으로 부디 이 내 시체에서도 생전의 슬픈 기억이 창궁 높이 훨훨 날아가 버렸으면——

나는, 지금 이런 불쌍한 생각도 한다. 그럼——

——만 26세와 3개월을 맞이하는 이상 선생님이여! 허수아비여!

자네는 노옹일세. 무릎이 귀를 넘는 해골일세. 아니, 아니.

자네는 자네의 먼 조상일세. 이상.

봉 별 기

1

스물세 살이오——3월이오——각혈이다. 여섯 달 잘 기른 수염을 하루 면도칼로 다듬어 코 밑에 다만 나비만큼 남겨 가지고 약 한 제 지어 들고 B라는 신개지 한적한 온천으로 갔다. 게서 나는 죽어도 좋았다.

그러나 이내 아직 기를 펴지 못한 청춘이 약탕관을 붙들고 늘어져서는 날 살리라고 보채는 것은 어찌하는 수가 없다. 여관 한등 아래 밤이면 나는 늘 억울해했다.

사흘을 못 참고 기어이 나는 여관 주인 영감을 앞장세워 밤에 장구 소리 나는 집으로 찾아갔다. 게서 만난 것이 금홍이다.

"몇 살인구?"

체대가 비록 풋고추만 하나 깡그라진 계집이 제법 맛이 맵다. 열다섯 살? 많아야 열아홉 살이지 하고 있자니까,

"스물한 살이에요."

"그럼 내 나인 몇 살이나 돼 뵈지?"

"글쎄, 마흔? 서른아홉?"

나는 그저 흥! 그래 버렸다. 그리고 팔짱을 떡 끼고 앉아서는 더욱더욱 점잖은 체했다. 그냥 그 날은 무사히 헤어졌건만——

이튿날 화우 K군이 왔다. 이 사람인즉 나와 농하는 친구다. 나는 어

쩌는 수 없이 그 나비 같다면서 달고 다니던 코밑 수염을 아주 밀어 버렸다. 그리고 날이 저물기가 급하게 또 금홍이를 만나러 갔다.

　"어디서 뵌 어른 겉은데."

　"엊저녁에 왔던 수염난 양반, 내가 바루 아들이지. 목소리꺼지 닮었지?"

하고 익살을 부렸다. 주석이 어느덧 파하고 마당에 내려서다가 K군의 귀에 대이고 나는 이렇게 속삭였다.

　"어때? 괜찮지? 자네 한번 얼러 보게."

　"관두게, 자네가 얼러 보게."

　"어쨌든 여관으로 끌구 가서 짱껭뽕을 해서 정허기루 허세나."

　"거 좋지."

　그랬는데 K군은 측간에 가는 체하고 피해 버렸기 때문에 나는 부전

승으로 금홍이를 이겼다. 그날 밤에 금홍이는 금홍이가 경산부라는 것을 감추지 않았다.

"언제?"

"열여섯 살에 머리 얹어서 열일곱 살에 낳았지."

"아들?"

"딸."

"어딨나?"

"돌 만에 죽었어."

지어 가지고 온 약은 집어치우고 나는 전혀 금홍이를 사랑하는 데만 골몰했다. 못난 소린 듯하나 사랑의 힘으로 각혈이 다 멈췄으니까……

나는 금홍이에게 놀음채를 주지 않았다. 왜? 날마다 밤마다 금홍이가 내 방에 있거나 내가 금홍이 방에 있거나 했기 때문에──

그 대신──

우라는 불란서 유학생의 유야랑을 나는 금홍이에게 권하였다. 금홍이는 내 말대로 우씨와 더불어 '독탕'에 들어갔다. 이 '독탕'이라는 것은 좀 음란한 설비였다. 나는 이 음란한 설비 문간에 나란히 벗어 놓은 우씨와 금홍이 신발을 보고 언짢아하지 않았다.

나는 또 내 곁방에 와 묵고 있는 C라는 변호사에게도 금홍이를 권하였다. C는 내 열성에 감동되어 하는 수 없이 금홍이 방을 범했다.

그러나 사랑하는 금홍이는 늘 내 곁에 있었다. 그리고 우, C 등등에게서 받은 10원 지폐를 여러 장 꺼내 놓고 어리광 섞어 내게 자랑도 하는 것이었다.

그러자 나는 백부님 소상 때문에 귀경하지 않으면 안 되게 되었다. 복숭아꽃이 만발하고 정자 곁으로 석간수가 졸졸 흐르는 좋은 터전을 한 군데 찾아가서 우리는 석별의 하루를 즐겼다. 정거장에서 나는 금홍이에게 10원 지폐 한 장을 쥐어 주었다. 금홍이는 이것으로 전당 잡힌 시계를 찾겠다고 그러면서 울었다.

<h1 style="text-align:center">2</h1>

금홍이가 내 아내가 되었으니까 우리 내외는 참 사랑했다. 서로 지나간 일은 묻지 않기로 하였다. 과거래야 내 과거가 무엇 있을 까닭이 없고 말하자면 내가 금홍이 과거를 묻지 않기로 한 약속이나 다름없다.

금홍이는 겨우 스물한 살인데 서른한 살 먹은 사람보다도 나았다. 서른한 살 먹은 사람보다도 나은 금홍이가 내 눈에는 열일곱 살 먹은 소녀로만 보이고, 금홍이 눈에 마흔 살 먹은 사람으로 보인 나는 기실 스물세 살이요 게다가 주책이 좀 없어서 똑 여남은 살 먹은 아이 같다. 우리 내외는 이렇게 세상에도 없이 현란하고 아기자기하였다.

부질없는 세월이——1년이 지나고 8월, 여름으로는 늦고 가을로는 이른 그 북새통에——금홍이에게는 예전 생활에 대한 향수가 왔다.

나는 밤이나 낮이나 누워 잠만 자니까 금홍이에게 대하여 심심하다. 그래서 금홍이는 밖에 나가 심심치 않은 사람들을 만나 심심치 않게 놀고 돌아오는——

즉, 금홍이의 협착한 생활이 금홍이의 향수를 향하여 발전하고 비약하기 시작하였다는 데 지나지 않는 이야기다.

그런데 이번에는 내게 자랑을 하지 않는다. 않을 뿐만 아니라 숨기는 것이다.

이것은 금홍이로서 금홍이답지 않은 일일밖에 없다. 숨길 것이 있나? 숨기지 않아도 좋지. 자랑을 해도 좋지.

나는 아무 말도 하지 않는다. 나는 금홍이 오락의 편의를 돕기 위하

여 가끔 P군 집에 가 잤다. P군은 나를 불쌍하다고 그랬던가시피 지금 기억된다.

나는 또 이런 것을 생각하지 않았던 것도 아니다. 즉 남의 아내라는 것은 정조를 지켜야 하느니라고!

금홍이는 나를 내 나태한 생활에서 깨우치게 하기 위하여 우정 간음하였다고 나는 호의로 해석하고 싶다. 그러나 세상에 흔히 있는 아내다운 예의를 지키는 체해 본 것은 금홍이로서 말하자면 천려의 일실이 아닐 수 없다.

이런 실없는 정조를 간판 삼자니까 자연 나는 외출이 잦았고 금홍이 사업에 편의를 돕기 위하여 내 방까지도 개방하여 주었다.

그러는 중에도 세월은 흐르는 법이다.

하루 나는 제목 없이 금홍이에게 몹시 얻어맞았다. 나는 아파서 울고 나가서 사흘을 들어오지 못했다. 너무도 금홍이가 무서웠다.

나흘 만에 와 보니까 금홍이는 때묻은 버선을 윗목에다 벗어 놓고 나가 버린 뒤였다.

이렇게도 못나게 홀아비가 된 내게 몇 사람의 친구가 금홍이에 관한 불미한 가십을 가지고 와서 나를 위로하는 것이었으나 종시 나는 그런 취미를 이해할 도리가 없었다.

버스를 타고 금홍이와 남자는 멀리 과천 관악산으로 가는 것을 보았다는데 정말 그렇다면 그 사람은 내가 쫓아가서 야단이나 칠까 봐 무서워서 그런 모양이니까 퍽 겁쟁이다.

3

인간이라는 것은 임시 거부하기로 한 내 생활이 기억력이라는 민첩한 작용을 하지 않았기 때문에 두 달 후에는 나는 금홍이라는 성명 세 자까지도 말쑥하게 잊어버리고 말았다. 그런 두절된 세월 가운데 하루 길일을 복하여 금홍이가 왕복 엽서처럼 돌아왔다. 나는 그만 깜짝 놀랐다.

금홍이의 모양은 뜻밖에도 초췌하여 보이는 것이 참 슬펐다. 나는 꾸짖지 않고 맥주와 붕어과자와 장국밥을 사 먹여 가면서 금홍이를 위로해 주었다. 그러나 금홍이는 좀처럼 화를 풀지 않고 울면서 나를 원망하는 것이었다. 할 수 없어서 나도 그만 울어 버렸다.

"그렇지만 너무 늦었다. 그만해두 두 달 지간이나 되지 않니? 헤어지자, 응?"

"그럼 난 어떻게 되우, 응?"

"마땅헌 데 있거든 가거라, 응."

"당신두 그럼 장가가나? 응?"

헤어지는 한에도 위로해 보낼지어다. 나는 이런 양식 아래 금홍이와 이별했더니라. 갈 때 금홍이는 선물로 내게 베개를 주고 갔다.

그런데 이 베개 말이다.

이 베개는 2인용이다. 싫대도 자꾸 떠맡기고 간 이 베개를 나는 두 주일 동안 혼자 베어 보았다. 너무 길어서 안 됐다. 안 됐을 뿐 아니라 내 머리에서는 나지 않는 묘한 머릿기름 땟내 때문에 안면이 적이 방해된다.

나는 하루 금홍이에게 엽서를 띄웠다. '중병에 걸려 누웠으니 얼른 오라'고.

금홍이는 와서 보니까 참 딱했다. 이대로 두었다가는 역시 며칠이 못 가서 굶어죽을 것같이만 보였던가 보다. 두 팔을 부르걷고 그 날부터 나가서 벌어다가 나를 먹여 살린다는 것이다.

"오우케이……."

인간 천국, 그러나 날이 좀 추웠다. 그러나 나는 대단히 안일하였기 때문에 재채기도 하지 않았다.

이러기를 두 달? 아니 다섯 달이나 되나 보다. 금홍이는 홀연히 외출했다.

달포를 두고 금홍이 '홈식'을 기대하다가 진력이 나서 나는 기명집물을 두들겨 팔아 버리고 21년 만에 '집'으로 돌아갔다.

와 보니 우리 집은 노쇠했다. 이어 불초 이상은 이 노쇠한 가정을 아주 쑥밭을 만들어 버렸다. 그 동안 이태 가량——

어언간 나도 노쇠해 버렸다. 나는 스물일곱 살이나 먹어 버렸다.

천하의 여성은 다소간 매춘부의 요소를 품었느니라고 나 혼자는 굳이 신념한다. 그 대신 내가 매춘부에게 은화를 지불하면서는 한 번도 그네들을 매춘부라고 생각한 일이 없다. 이것은 내 금홍이와의 생활에서 얻은 체험만으로는 성립되지 않는 이론같이 생각되나 기실 내 진담이다.

4

나는 몇 편의 소설과 몇 줄의 시를 써서 내 쇠망해 가는 심신 위에 치욕을 배가하였다. 이 이상 내가 이 땅에서의 생존을 계속하기가 자못 어려울 지경에까지 이르렀다. 나는 하여간 허울좋게 말하자면 망명해야겠다.

어디로 갈까. 나는 만나는 사람마다 동경으로 가겠다고 호언했다. 그뿐 아니라 어느 친구에게는 전기 기술에 관한 전문 공부를 하러 간다는 둥, 학교 선생님을 만나서는 고급 단식 인쇄술을 연구하겠다는 둥, 친한 친구에게는 내 5개 국어에 능통할 작정일세 어쩌구 심하면 법률을 배우겠소까지 허담을 탕탕 하는 것이다. 웬만한 친구는 보통들 속나 보다.

그러나 이 헛선전을 안 믿는 사람도 더러는 있다. 하여간 이것은 영영 빈빈털터리가 되어 버린 이상의 마지막 공포에 지나지 않는 것만은 사실이겠다.

어느 날 나는 이렇게 여전히 공포를 놓으면서 친구들과 술을 먹고 있자니까 내 어깨를 툭 치는 사람이 있다. '긴상'이라는 이다.

"긴상(이상도 사실은 긴상이다) 참 오래간만이슈. 근데 긴상, 꼭 한 번 만나뵙자는 사람이 하나 있는데 긴상 어떡허시려우?"

"거 누군구? 남자야, 여자야?"

"여자니까 일이 재미있지 않느냐 그런 말야."

"여자라?"

"긴상 옛날 옥상(아내)."

금홍이가 서울에 나타났다는 이야기다. 나타났으면 나타났지 나를 왜 찾누?

나는 긴상에게서 금홍이의 숙소를 알아 가지고 어쩔 것인가 망설였다. 숙소는 동생 일심이 집이다.

드디어 나는 만나보기로 결심하고 일심이 집을 찾아가서,

"언니가 왔다지?"

"어유! 아제두, 돌아가신 줄 알았구려! 그래 자그만치 인제 온단 말씀유, 어서 들오슈."

금홍이는 역시 초췌하다. 생활 전선에서의 피로의 빛이 그 얼굴에 여실하였다.

"네눔 하나 보구져서 서울 왔지 내 서울 뭘허러 왔다니?"

"그리게 또 난 이렇게 널 찾어오지 않았니?"

"너 장가갔다더구나."

"애, 디끼 싫다, 그 육모초 겉은 소리."

"안 갔단 말이냐, 그럼?"

"그럼."

당장에 목침이 내 면상을 향하여 날아 들어왔다. 나는 예나 다름이 없이 못나게 웃어 주었다.

술상을 보아 왔다. 나도 한 잔 먹고 금홍이도 한 잔 먹었다. 나는 영 변가를 한마디 하고 금홍이는 육자배기를 한마디 했다.

밤은 이미 깊었고 우리 이야기는 이게 이 생에서의 영이별이라는 결론으로 밀려 갔다. 금홍이는 은수저로 소반전을 딱딱 치면서 내가 한 번도 들은 일이 없는 구슬픈 창가를 한다.

"속아도 꿈결, 속여도 꿈결, 굽이굽이 뜨내기 세상 그늘진 심정에 불질러 버려라, 운운."

병상 이후

그는 의사의 얼굴을 몇 번이나 치어다보았다. '의사도 인간이다, 나하고 조금도 다를 것이 없는!' 이렇게 속으로 아무리 부르짖어 보았으나 그는 의사를 한낱 위대한 마법사나 예언자 쳐다보듯이 보지 아니할 수 없었다. 의사는 붙잡았던 그의 팔목을 놓았다(가만히). 그는 그것이 한없이 섭섭하였다. 부족하였다. '왜 벌써 놓을까, 왜 고만 놓을까? 그만 보아 가지고도 이 묵은(늙은) 중병자를 뚫어 들여다볼 수가 있을까' 꾸지람 듣는 어린아이가 할아버지 눈치를 쳐다보듯이 그는 가련(참으로)한 눈으로 의사의 얼굴을 언제까지라도 치어다보아 그만두려고는 하지 않았다. 의사는 얼굴을 십장생화 붙은 방문 쪽으로 돌이킨 채 눈은 천장에 꽂아 놓고 무엇인지 길이 깊이 생각하는 것 같더니 길게 한숨하였다. 꽉 다물어져 있는 의사의 입은 그가 아무리 쳐다보아도 열릴 것 같지는 않았다.

안방에서 들리는 담소의 소리에서 의사의 웃음소리가 누구의 것보다도 가장 큰 것을 그는 들을 수 있었다. 모든 것은 눈물날 만큼 분하였다. 그러나 '자기의 병이 그다지 중치는 아니 하기에 저렇지' 하는 생각도 들어, 한편으로는 자그마한 안심을 가져 오게 할 수도 있었다. 그러나 그러는 가운데에도 그가 잊을 수 없는 것은 그의 팔목을 잡았을 때의 의사의 얼굴에서부터 방산해 오는 술의 취기 그것이었다. '술을 마시고도 정확한 진찰을 할 수 있나' 이런 생각을 하여 가며 그래도 그는 그의 가슴을 자제하였다. 그리고 의사를 믿었다. (그것은 억지로가 아니라 그는 그렇게도 의사를 태산같이 믿었다.) 그러나 안방에서 나오는 의사의 큰 웃음소리를 그가 누워서 귀에 들을 수 있었을 때에 '내 병 같은 것은 안중에도 없지! 술을 마시고 와서 장난으로 내 팔목을 잡았지, 그 수심스러운 무엇인가를 숙고하는 것 같은 얼굴의 표정도 다──일종의 도화극이었지! 아──아──중요하지도 않은 인간──' 이런 제어할 수 없는 상념이 열에 고조된 그의 머리에 좁은 구멍으로 뽑아 내는 철사처럼 뒤이어 일어났다. 혼자 애썼다. 그러는 동안에도 '아──고만하세요, 전작이 있어서 이렇게 많이는 못 합니다' 의사가 권하는 술잔을 사양하는 이러한 소리와 함께 술잔이 무엇엔가 부딪히는 쨍그렁하는 금속성 음향까지도 구별해 내며 의식할 수 있을만큼 그의 머리는 아직 그다지 냉정을 상실치는 않았다.

　의사 믿기를 하느님같이 하는 그가 약을 전혀 먹지 않는 것은 그 무슨 모순인지 알 수 없다. 한밤중에 달여 들여 오는 약을 볼 때 우선 그는 '먹기 싫다'를 느꼈다. 그의 찌푸려진 지 오래인 양미간은 더 한층이나 깊디깊은 홈을 짓지 아니하면 아니되었다. 아무리 바라보았으나 그 누르끄레한 액체의 한 탕기가 묵고 묵은 그의 중병(단지 지금의 형세만으로도 훌륭한 중병 환자의 자격을 가지고 있다)을 고칠 수 있을까 믿기는 예수 믿기보다도 그에게는 어려웠다.

　목은 그대로 타 들어온다. 밤이 깊어갈수록 신열이 점점 더 높아 가고 의식은 상실되어 몽현(꿈과 생시)간을 왕래하고, 바른편 가슴은 펄펄 뛸 만큼 아파 들어오는 것이었다. 무엇보다도 우선 가슴 아픈 것만이라도 나았으면 그래도 살 것 같다. 그의 의식이 상실되는 것도 다만 가슴 아픈 데 원인될 따름이었다.(적어도 그에게는 그렇게 생각되었다.)

'나의 아프고 고(고통)로운 것을 하늘이나 땅이나 알지 누가 아나' 이러한 우스꽝스러운 말을 그는 그대로 자신에게 경험하였다. 약물이 머리맡에 놓인 채로 그는 그대로 혼수 상태에 빠져 있었다. 얼마 후에 깨어났을 때에는 그의 전신에는 문자 그대로 땀이 눈으로 보는 동안에 커다란 방울을 지어 가며 황백색 피부에서 쏟아져 솟았다. 그는 거의 기능까지도 정지되어 가는 눈을 치어들어 벽에 붙은 시계를 보았다. 약 들여온 지 10분, 그 동안이 그에게는 마치 장년월의(긴 시간의) 외국 여행에서 돌아온 것만 같은 느낌이었다. 약탕기를 들었을 때에 약은 냉수와 마찬가지로 식었다. '나는 이다지도 중요하지 않은 인간이다. 이렇게 약이 식어 버리도록 이것을 마시라는 말 한 마디 하여 주는 사람 없으니' 그는 그것을 그대로 들이마셨다. 거의 절망적 기분으로, 그러나 말라빠진 그의 목을 그것은 훌륭히 축여 주었다.

　얼마 동안이나 그의 의식은 분명하였다. 빈약한 등광 밑에 한쪽으로 기울어져 가며 담벼락에 기대어 있는 그의 우인의 〈몽국 풍경〉의 불운한 작품을 물끄러미 바라다보았다. 평소 같으면 그 화면이 몹시 눈이 부시어서(밤에만) 이렇게 오랫동안을 계속하여 바라볼 수 없었을 것을 그만하여도 그의 시각은 자극에 대하여 무감각이 되었었다. 몽롱히 떠올라 오는 그 동안 수개월의 기억이(더욱이) 그를 다시 몽현 왕래의 혼수 상태로 이끌었다. 그 난의식(어지러운 의식) 가운데서도 그는 동요가 왔다.――이것을 나는 근본적인 줄만 알았다. 그 때에 나는 과연 한때의 참혹한 걸인이었다. 그러나 오늘까지의 거짓을 버리고 참에서 살아갈 수 있는 '인간'이 되었다――나는 이렇게만 믿었다. 그러나, 그것도 사실에 있어서는 근본적은 아니었다. 감정으로만 살아 나가는 가엾은 한 곤충의 내적 파문에 지나지 않았던 것을 나는 발견하였다. 나는 또한 나로서도, 또 나의 주위의――모든 것에 대하여 굉장한 무엇을 분명히 창작(?)하였는데, 그것이 무슨 모양인지 무엇인지 등은 도무지 기억할 길이 없는 것은 당연한 일이다.

그 동안 수개월——그는 극도의 절망 속에 살아 왔다(이런 말이 있을 수 있다면 그는 '죽어 왔다'는 것이 더 정확하겠다). 급기야 그가 병상에 쓰러지지 아니하면 아니되었을 순간——그는 '죽음은 과연 자연적으로 왔다'를 느꼈다. 그러나 하루 이틀 누워 있는 동안 생리적으로 죽음의 가까이까지에 빠진 그는 타오르는 듯한 희망과 야욕을 가슴 가득히 채웠던 것이다. 의식이 자기로 회복되는 사이사이 그는 이 오래간만에 맛보는 새 힘에 졸리었다(보채어졌다). 나날이 말라 들어가는 그의 체구가 그에게는 마치 강철로 만든 것으로만, 결코 죽거나 할 것이 아닌 것으로만 자신되었다.

그가 쓰러지던 그날 밤(그 전부터 그는 드러누웠었다. 그러나 의식을 잃기 시작하기는 그날 밤이 첫 밤이었다) 그는 그의 우인에게서 길고 긴 편지를 받았다. 그것은 글로서 졸렬한 것이었다 하겠으나 한 순한 인간의 비통을 초한 인간 기록이었다. 그는 그것을 다 읽는 동안에 무서운 원시성의 힘을 느끼었다. 그의 가슴속에는 보는 동안에 캄캄한 구름이 전후를 가릴 수도 없이 가득히 엉기어들었다. '참을 가지고 나를 대하여 주는 이 순한 인간에게 대하여 어째 나는 거짓을 가지고만밖에는 대할 수 없는 것은 이 무슨 슬퍼할 만한 일이냐' 그는 그대로 배를 방바닥에 댄 채 엎드리었다. 그의 아픈 몸과 함께 그의 마음도 차츰차츰 아파 들어왔다. 그는 더 참을 수는 없었다. 원고지 틈에 끼기어 있는 3030용지를 꺼내어 한두 자 쓰기를 시작하였다. '그렇다, 나는 확실히 거짓에 살아 왔다.——그 때에 나에게는 체험을 반려한 무서운 동요가 왔다.——이것을 나는 근본적인 줄만 알았다. 그 때에 나는 과연 한때의 참혹한 걸인이었다. 그러나 오늘까지의 거짓을 버리고 참에서 살아

갈 수 있는 '인간'이 되었다.——나는 이렇게만 믿었다. 그러나 그것도 사실에 있어서는 근본적은 아니었다. 감정으로만 살아 나가는 가엾은 한 곤충의 내적 파문에 지나지 않았던 것을 나는 발견하였다. 나는 또한 나로서도 또 나의 주위의 모오든 것에게 대하여서도 차라리 여지껏 이상의 거짓에서 살지 아니하면 안 되었다……, 운운'이러한 문구를 늘어놓는 동안에 그는 또한 몇 줄의 짧은 시를 쓴 것도 기억할 수도 있었다. 펜이 무연히 종이 위를 활주하는 동안에 그의 의식은 차츰차츰 몽롱하여 들어갔다. 어느 때 어느 구절에서 무슨 말을 쓰다가 펜을 떨어뜨렸는지 그의 기억에서는 전혀 알아 낼 길이 없다. 그가 펜을 든 채로, 그대로 의식을 잃고 말아 버린 것만은 사실이다.

　의사도 다녀가고 며칠 후, 의사에게 대한 그의 분노도 식고 그의 의식에 명랑한 시간이 차차로 많아졌을 때, 어느 시간 그는 벌써 알지 못할(근거) 희망에 애태우는 인간으로 나타났다. '내가 일어나기만 하면……' 그에게는 단테의 《신곡》도 다빈치의 <모나리자>도 아무것도 그의 마음대로 나올 것만 같았다. 그러나 오직 그의 몸이 불건강한 것이 한 탓으로만 여겨졌다. 그는 그 우인의 기다란 편지를 다시 꺼내어 들었을 때 전날의 어두운 구름을 대신하여 무한히 곧센 '동지'라는 힘을 느꼈다. '××씨! 아무쪼록 광명을 보시오!' 그의 눈은 이러한 구절이 쓰인 곳에까지 다다랐다. 그는 모르는 사이에 입 밖에 이런 부르짖음을 내기까지 하였다. '오냐, 지금 나는 광명을 보고 있다'고.

김유정론

암만해도 성을 안 낼 뿐만 아니라, 누구를 대할 때든지 늘 좋은 낯으로 해야 쓰느니 하는 타입의 우수한 견본이 김×림이다.

좋은 낯을 하기는 해도, 적이 비례를 했다거나 끔찍이 못난 소리를 했다거나 하면, 잠자코 속으로만 꿀꺽 업신여기고 그만두는, 그러기 때문에 근시 안경을 쓴 위험 인물이 박×원이다.

업신여겨야 할 경우에 '이놈! 네까진 놈이 뭘 아느냐?' 라든가, 성을 내면 '여! 어디 덤벼 봐라' 쯤 할 줄 아는, 하되 그저 그럴 줄 알다 뿐이지, 그만큼 해 두고 주저않는 파에, 고만 이유로 코 밑에 수염을 저축한 정×용이 있다.

모자를 홱 벗어던지고, 두루마기도 마고자도 민첩하게 턱 벗어던지고, 두 팔 훌떡 부르걷고, 주먹으로는 적의 볼따구니를, 발길로는 적의 사타구니를 격파하고도, 오히려 행유여력에 엉덩방아를 찧고야 그치는 희유의 투사가 있으니 김유정이다.

누구든지 속지 말라. 이 시인 가운데 쌍벽과 소설가 중 쌍벽은 약속하고 분만된 듯이 교만하다. 이들이 무슨 경우에 어떤 얼굴을 했댔자, 기실은 그 교만에서 산출된 표정의 데포르마시옹 외의 아무것도 아니니까, 참 위험하기 짝이 없는 분들이라는 것이다.

이 분들을 설복할 아무런 학설도 이 천하에는 없다. 이렇게들 또 고집이 세다.

나는 자고로 이렇게 교만하고, 고집센 예술가를 좋아한다. 큰 예술가는 그저 누구보다도 교만해야 한다는 내 지론이다.

다행히 이 네 분은 서로들 친하다. 서로 친한 이 분들과 친한 나 불초 이상이 보니까, 여상의 성격의 순차적 차이가 있는 것은 재미있다. 이것은 혹 불행히 나 혼자의 재미에 그칠는지 우려지만, 그래도 좀 재미있어야 되겠다.

작품 이외의 이 분들의 일을 적확히 묘파해서 내 비교 교우학을 결정적으로 여실히 하겠다는 비장한 복안이어늘, 소설을 쓸 작정이다. 네 분을 각각 주인으로 하는 네 편의 소설이다.

그런데, 족보에 없는 비평가 김문집 선생이 내 소설에 59점이라는 좀 참담한 채점을 해 놓으셨다. 59점이면 낙제다. 한끗만 더 했더면——그러니까 서울말로 '낙제 첫찌' 다. 나는 참 낙담했습니다. 다시는 소설을 안 쓸 작정입니다——는 즉 거짓말이고, 이 경우에는 내 어쭙잖은 글이 네 분의 심사를 건드린다거나, 읽는 이들의 조소를 산다거나 하지나 않을까 생각을 하니, 아닌 게 아니라 등허리가 꽤 서늘하다.

그렇거든, 59점짜리가 그럼 그렇지 하고 그저 눌러 덮어 주어야겠고, 뜻밖에 제법 되었거든 네 분이 선봉을 서서 김문집 선생께 좀 잘 좀 말해 주셔서, 부디 급제를 시켜 주시기 바랍니다.

김유정편

이 유정은 겨울이면 모자를 쓰지 않는다. 그러면 탈모인가? 그의 그 더벅머리 위에는 참 우굴쭈굴한 벙거지가 얹혀 있는 것이다. 나는 걸핏하면,

"김 형, 그 김 형이 쓰신 모자는 모자가 아닙니다."

"김 형(이 김 형이라는 호칭인즉은 이상을 가리키는 말이다), 거 어떡 허시는 말씀입니까?"

"거 벙거지, 벙거지지요."

"벙거지! 벙거지! 옳습니다."

×원도 ×남도 유정의 모자 자격을 인정하지 않는다. 벙거지라고밖 에!

엔간해서 술이 잘 안 취하는데, 취하기만 하면 딴사람이 되고 만다. 그것은 무엇을 보고 아느냐 하면——

보통으로 주먹을 쥐고 쓱 둘째손가락만 쭉 펴면, 사람 가리키는 신호 가 되는데, 이래 가지고는 그 벙거지 차양 밑을 우벼 파면서 나사못 박 는 흉내를 내는 것이다. 하릴없이 젖먹이 곤지곤지 형용에 틀림없다.

창문사에서 내가 집무랍시고 하는 중에 떠억 나를 찾아온다. 와서는 내 집무 책상 앞에 마주 앉는다. 앉아서는 바윗덩어리처럼 말이 없다. 낸들 또 무슨 그리 신통한 이야기가 있으리오. 그저 서로 벙벙이 앉았 는 동안에 나는 나대로 교정 등속 일을 한다. 가지가지 부호를 써서 내 가 교정을 보고 있노라면, 그는 불쑥,

"김 형! 거 지금 그 표는 어떡허라는 푠가요?"

이런다. 그럼 나는 기가 막혀서,

"이거요, 글자가 곤두섰으니, 바로 놓으란 표지요."

하고 나서는 또 그만이다. 이렇게 평소의 유정은 뚱보다. 이런 양반이 그 곤지곤지만 시작되면 통성을 다시 해야 한다.

그 날 나도 초저녁에 술을 좀 먹고 곤해서 한참 자는데, 별안간 대문 을 두드리는 소리가 요란하다. 한 시나 가까웠는데——하고 눈을 비비

고 나가 보니까, 유정이 B군과 S군과 작반해 와서 이 야단이 아닌가? 유정은 연해 성이 곤지곤지 중이다. 나는 일견에 '이키! 이건 곤지곤지구나' 하고, 내심 벌써 각오한 바가 있자니까 나가잔다.

"김 형! 이 유정이가 오늘 술 좀 먹었습니다. 김 형! 우리 또 한 잔 허십시다."

"아따, 그러십시다그려."

이래서, 나도 내 벙거지를 쓰고 나섰다.

나는 단박에 취해 버려서, 역시 그 비장의 가요를 기탄없이 내뽑은가 싶다. 이렇게 밤이 늦었는데, 가무 음곡으로써 가구를 소란케 하는 것은 법규상 안 된다. 그래 주파가 이러니 저러니 좀 했더니, S군과 B군은 불온하기 짝이 없는 언사로 주파를 탄압하면, 유정은 또 주파를 의미깊게 흘낏 한 번 흘겨보더니,

"김 형! 우리 소리합시다."

하고, 그 척척 붙어 올라올 것 같은 끈적끈적한 목소리로 강원도 아리랑 팔만 구암자를 내뽑는다. 이 유정의 강원도 아리랑은 바야흐로 천하일품의 경지다.

나는 소독저로 추어 보시깃전을 갈기면서 장단을 맞춰 좋아하는데, 가만히 보니까 한쪽에서 S군과 B군이 불화다. 취중 문학담이 자연 아마 그리된 모양인데, 부전부전하게 유정이 또 거기 가 한몫 끼이는 것이다. 나는 '술들이나 먹지 왜들 저러누' 하고 서서 보고만 있자니까, 유정이 예의 그 벙거지를 떡 벗어던지더니, 두루마기 · 마고자 · 저고리를 차례로 벗어 젖히고는 S군과 맞달라붙는 것이 아닌가?

싸움의 테마는 아마 춘원의 문학적 가치 운운이던 모양인데, 어쨌든 피차 어지간히들 취중이라, 문학은 저리 집어치우고 인제 문제는 체력이다. 뺨도 치고 제법 태견들도 한다. B군은 이리 비칠 저리 비칠하면

서 유정의 착의 일식을 주워 들고 바로 뜯어말린답시고 한가운데 가
끼여서 꾸기적꾸기적 하는데, 가는 발길 오는 발길에 이래저래 피해가
많은 꼴이다.

놀란 것은 주파와 나다.

주파는 술은 더 못 팔아도 좋으니, 이 분들을 좀 밖으로 모셔 내라는
애원이다. 나는 S군과 협력해서 가까스로 용사들을 밖으로 끌고 나오기
는 나왔으나, 이번에는 자동차가 줄 대서 왕래하는 대로 한복판에서들
활약이다. 구경꾼이 금시로 모여든다. 용사들의 사기는 백열화한다.

나는 섣불리 좀 뜯어말리는 체하다가, 얼떨결에 벙거지 벗어진 것이
당장 용사들의 군용화에 유린을 당하고 말았다. 그만 나는 어이가 없어
서 전선주에 가 기대 서서 이 만화를 서서히 감상하자니까——

B군은 이건 또 언제 어디서 획득했는지 모를 오 홉들이 술병을 거꾸

로 쥐고, 육모 방망이 내휘두르듯하면서 중재 중인데, 여전히 피해가 많다. B군은 이윽고 그 술병을 한 번 허공에 한층 높이 내휘두르더니, 그 우렁찬 목소리로 산명곡응하라고 최후의 대갈 일성을 시험해도 전황은 여전하다.

B군은 그만 화가 벌컥 난 모양이다. 그 술병을 지면 위에다 내던지고 가로되,

"네놈들을 내 한꺼번에 죽이겠다."

고 결의의 빛을 표시하더니, 좌충우돌로 동에 뻔쩍 서에 뻔쩍, S군·유정의 분간이 없이 막 구타하기 시작이다.

이 광경을 본 나도 놀랐거니와, 더욱 놀란 것은 전사 두 사람이다. 여태껏 싸움 말리는 역할을 하노라고 하던 B군이 별안간 이처럼 태도를 표변하니, 교전하던 양인인 놀라지 않을 수가 없다.

B군은 우선 유정의 턱 밑을 주먹으로 공격했다. 경악한 유정은 방어의 자세를 취하면서 한쪽으로 비키니까, B군은 이번에는 S군을 걷어찼다. S군은 눈이 뚱그레서 이 역 한편으로 비키면서 이건 또 무슨 생각을,

"너! 유정이! 뎀벼라."

"오냐! S! 너! 나한테 좀 맞아 봐라."

하면서 원래의 적이 다시금 달라붙으니까 B군은 그냥 두 사람을 얼러서 걷어차면서 주먹비를 내리우는 것이다. 두 사람은 일제히 공세를 B군에게로 모아 가지고 쉽사리 B군을 격퇴한 다음, 이어 본전을 계속 중에 B군은 이번에는 S군의 불두덩을 걷어찼다. 노발대발한 S군은 B군을 향하여 맹렬한 일축을 수행하니까, 이 틈을 타서 유정은 S군에게 이 또한 그만 못지 않은 일축을 결행한다. 이러면 B군은 또 선수를 돌려 유정을 겨누어 거룩한 일축을 발사한다. 유정은 S군을, S군은 B군을, B군은 유정을, 유정은 S군을, S군은———

이것은 그냥 상상만으로도 족히 포복 절도할 절경임에 틀림 없다. 나는 그만 내 벙거지가 여지없이 파멸한 것은 활연히 잊어버리고, 웃음보가 곧 터질 지경인 것을 억지로 참고 있자니까, 사람은 점점 꼬여 드는데, 이 진무류의 혼전은 언제나 끝날는지 자못 묘연하다.

이 때 옆골목으로부터 순행하던 경관이 칼 소리를 내이면서 나왔다. 나와서 가만히 보니까, 이건 싸움은 싸움인 모양인데, 대체 누가 누구하고 싸우는 것인지 종을 잡을 수가 없는 것이다.

경관도 기가 막혀서,

"이게 날이 너무 춥더니 실신들을 헌 게로군."

하는 모양으로 뒷짐을 지고 서서 한참이나 원망한 끝에 대갈 일성,

"가에렛!"

나는 이 추운 날 유치장에를 들어갔다가는 큰일이겠으므로,

"곧 집으로 데리고 가겠습니다. 용서하십쇼. 술들이 몹시 취해 그렇습니다."

하고, 고두 백배한 것이다.

경관의 두 번째 '가에렛' 소리에 겨우 이 삼국지는 아마 종식하였던 가 한다.

이 이야기를 듣고 ×원이 '거 요코미츠 리이치의 '기계' 같소그려' 하였다(물론, 이 세 동무는 그 이튿날 언제 그런 일 있었더냐는 듯이 계속하여 정다웠다).

유정은 폐가 거의 결단이 나다시피 못쓰게 되었다. 그가 웃통 벗은 것을 보았는데, 기구한 수신이 나와 비슷했다. 늘,

"김 형이 그저 두 달만 약주를 끊었으면 건강해질 텐데."

해도 막무가내 하더니, 지난 7월달부터 마음을 돌려 정릉리 어느 절간에 숨어 정양 중이라니. 추풍이 점기에 건강한 유정을 맞을 생각을 하면, 나도 함께 기쁘다.

약 수

　바른대로 말이지 나는 약수보다도 약주를 좋아하는 편입니다.

　술 때문에 집을 망치고 해도 술 먹는 사람이면 후회하는 법이 없지만 병이 나으라고 약물을 먹었는데 낫지 않고 죽었다면 사람은 이 트집 저 트집 잡으려 듭니다.

　우리 백부께서 몇 해 전에 뇌일혈로 작고하셨는데 평소에 퍽 건강하셔서 피를 어쨌든지 내 짐작으로 화인 한 되는 쏟았건만 일주일을 버티셨습니다. 마지막에 돈과 약을 물 쓰듯 해도 오히려 구할 길이 없는지라 백부께서 나더러 약수를 길어 오라는 것입니다. 그 때 친구 한 사람이 악박골 바로 넘어서 살았는데 그저 밥 국 김치 숭늉 모두가 약물로 뒤범벅이었건만 그의 가족들은 그리 튼튼하지도 못할 뿐 아니라 그 먼저 해에는 그의 막내누이를 폐환으로 잃어버렸습니다. 그래서 나는 이것은 미신이구나 하고 병을 들고 악박골로 가서 한 병 얻어 가지고 오는 길에 그 친구집에 들러서 내일은 우리 집에 초상이 날 것 같으니 사퇴 시간에 좀 들러 달라고 그래 놓고 왔습니다.

　백부께서는 혼란된 의식 가운데서도 이 약물을 아마 한 종발이나 잡수셨던가 봅니다.

　그리고 이튿날 낮에 운명하셨습니다. 임종을 마치고 나는 뒤꼍으로 가서 5월 속에서 잉잉거리는 벌 떼 파리 떼를 보고 있었습니다. 한물

진 작약꽃이 파리하나 가만히 졌습니다.

익키! 하고 나는 가만히 깜짝 놀랐습니다. 그래서 또 술이 시작입니다.

백부는 공연히 약물을 잡수시게 해서 그랬느니 마니 하고 자꾸 후회를 하시길래 나는 듣기 싫어서 자꾸 술을 먹었습니다.

"세 분 손님 약주 잡수세욧."

소리에 어깨를 으쓱거리면서 그 목로집 마당을 마음에 맞는 친구들과 어우러져서 서성거리는 맛이란 굴비나 암치를 먹어 가면서 약물을 퍼 먹고 급기야 체하여 배탈이 나고 그만두는 프래그머티즘에 견줄 것이 아닙니다.

나는 술이 거나——하게 취해서 어떤 여자 앞에서 몸을 비비 꼬면서 '나는 당신 없이는 못 사는 몸이오' 하고 얼러 보았더니 얼른 그 여자가 내 아내가 되어 버린 데는 실없이 깜짝 놀랐습니다. 애——이건 참 땡이로구나 하고 삼 년이나 같이 살았는데 그 여자는 삼 년이나 같이 살아도 이 사람은 그저 세계에서 제일 게으른 사람이라는 것밖에는 모르고 그만둔 모양입니다.

게으르지 않으며 부지런히 술이나 먹으러 다니는 게 또 마음에 안 맞았다는 것입니다.

한번은 병이 나서 신애——로 앓으면서 나더러 약물을 떠오라길래 그것은 미신이라고 그랬더니 뾰루퉁하는 것입니다.

아내가 가 버린 것은 내가 약물을 안 길어다 주었대서 그런 것 같은데 또 내가 '약주'만 밤낮 먹으러 다니는 것이 보기 싫어서 그런 것도 같고 하여간 나는 지금 세상이 시들해져서 그날 그날이 심심한데 술 따로 안주 따로 판다는 목로 조합 결의가 아주 마음에 안 들어서 못 견디겠습니다.

누가 술만 끊으면 내 위해 주마고 그러지만 세상에 약물 안 먹어도 사람이 살겠거니와 술 안 먹고는 못 사는 사람이 많은 것을 모르는 말입니다.

12월 12일

　나의 지난 날의 일은 말갛게 잊어 주어야 하겠다. 나조차도 그것을 잊으려 하는 것이니 자살은 몇 번이나 나를 찾아왔다. 그러나 나는 죽을 수 없었다.

　나는 얼마 동안 자그마한 한 광명을 다시금 볼 수 있었다. 그러나 그 것도 전연 얼마 동안에 지나지 아니하였다. 그러나 또 한 번 나에게 자살이 찾아왔을 때에 나는 내가 여전히 죽을 수 없는 것을 잘 알면서도 참으로 죽을 것을 몇 번이나 생각하였다. 그만큼 이번에 나를 찾아온 자살은 나에게 있어 본질적이요, 치명적이었기 때문이다.

　나는 전연 실망 가운데 있다. 지금에 나의 이 무서운 생활이 노 위에 선 도승사의 모양과 같이 나를 지지하고 있다.

　모든 것이 다 하나도 무섭지 아니한 것이 없다. 그 가운데에도 이 죽을 수 없는 실망은 가장 큰 좌표에 있을 것이다.

　나에게, 나의 일생에 다시없는 행복이 돌아올 수만 있다 하면 내가 자살할 수 있을 때도 있을 것이다. 그 순간까지는 나는 죽지 못하는 실망과 살지 못하는 복수——이 속에서 호흡을 계속할 것이다.

　나는 지금 희망한다. 그것은 살겠다는 희망도, 죽겠다는 희망도 아무것도 아니다. 다만 이 무서운 기록을 다 써서 마치기 전에는 나의 그 최후에 내가 차지할 행운은 찾아와 주지 말았으면 하는 것이다. 무서운 기록이다.

펜은 나의 최후의 칼이다.

1930년 4월 26일 어 의주통 공사장

(이 O)

이 때나 저 때나 박행에 우는 내가 십유여 년 전 그 해도 저무려는 어느 날 지향도 없이 고향을 등지고 떠나가려 할 때에 과거의 나의 파란 많은 생활에도 적지않은 인연을 가지고 있는 죽마의 구우 M군이 나를 보내려 먼 곳까지 쫓아나와 갈림을 아끼는 정으로 나의 손을 붙들고,

"세상이라는 것은 우리가 생각하는 것과 같은 것은 아니라네."

하며 처창한 낯빛으로 나에게 말하던 그 때의 그 말을 나는 오늘까지도 기억하여 새롭거니와 과연 그 후의 나는 M군의 그 말과 같이 내가 생각던 바 그러한 것과 같은 세상은 어느 한 모도 찾아내일 수는 없이 모두가 돌연적이었고 모두가 우연적이었고 모두가 숙명적일 뿐이었었다.

'저들은 어찌하여 나의 생각하는 바를 이해하여 주지 아니할까, 나는 이렇게 생각해야 옳다 하는 것인데 어찌하여 저들은 저렇게 생각하여 옳다 하는 것일까.'

이러한 어리석은 생각은 하여 볼 겨를도 없이,

'세상이란 그런 것이야. 네가 생각하는 바와 다른 것, 때로는 정반대되는 것, 그것이 세상이라는 것이야!'

이러한 결정적 해답이 오직 질풍 신뢰적으로 나의 아무 청산도 주관도 없는 사랑을 일약 점령하여 버리고 말았다. 그 후에 나는 네가 세상에 그 어떠한 것을 알고자 할 때에는 우선 네가 '먼저 그것에 대하여 생각하여 보아라. 그런 다음에 너는 그 첫 번 해답의 대칭점을 구한다면 그것은 최후의 그것의 정확한 해답일 것이니' 하는 이러한 참혹한 비결

까지 얻어 놓았었다. 예상 못한 세상에서 부질없이 살아가는 동안에 어느덧 나라는 사람은 구태여 이 대칭점을 구하지 아니하고도 쉽사리 세상일을 대할 수 있는 가련한 '비틀어진' 인간성의 사람이 되고 말았다. 그리하여 인간을 바라볼 때에 일상에 그 이면을 보고 그러므로 말미암아 '기쁨'도 '슬픔'도 '웃음'도 '광명'도 이러한 모든 인간으로서의 당연히 가져야 할 감정의 권위를 초월한, 그야말로 아무 자극도 감격도 없는 영점에 가까운 인간으로 화하고 말았다. 오직 내가 나의 고향을 떠난 뒤 오늘날까지 십유여 년간의 방랑 생활에서 얻은 바 그 무엇이 있다 하면,

'불행한 운명 가운데서 난 사람은 끝끝내 불행한 운명 가운데서 울어야만 한다. 그 가운데에 약간의 변화쯤 있다 하더라도 속지 마라. 그것은 다만 그 '불행한 운명'의 굴곡에 지나지 않는 것이다.'

이러한 어그러진 결론 하나가 있을 따름이겠다. 이것은 지나간 나의 반생의 전부요, 총결산이다. 이 하잘것없는 짧은 한 편은 이 어그러진 인간 법칙을 '그'라는 인격에 붙이어서 재차의 방랑 생활에 흐르려는 나의 참담을 극한 과거의 공개장으로 하려는 것이다.

1

통절한 자극, 심각한 인상, 그것은 사람의 성격까지도 변화시킨다. 평범한 환경, 단조한 생활, 긴장 없는 전개 가운데에 살아가는 사람으로서는 도저히 그의 성격까지의 변경을 보기는 어려울 것이다. 어느 때 무슨 종류의 일이고 참으로 아픈 자극과 참으로 깊은 인상을 거쳐서야 비로소 그 사람의 성격 위에까지의 결정적 변화를 찾아볼 수 있을 것이다. 이제 지금으로부터 지나간 이삼 년 동안에 그를 만나보지 못한 사

람은 누구나 다 '그'의 성격의 어느 곳인지 집어내이지 못할 변화를 인식할 것이다. 이러한 변화에 따라 그의 용모와 표정, 어조까지의 차라리 슬퍼할 만한 변화를 또한 누구나 다──놀래임과 의아를 가지고 대하지 아니할 수 없을 것이다.

　'저 사람, 저 사람의 그 동안 생활에 저 사람의 성격을 저만치 변화시킬 만한 무슨 큰 자극과 깊은 인상이 있었던 것이겠지, 무엇일까?'

　그러나 이와 같은 의아는 도리어 그의 그 동안의 생활에도 그의 성격을 오늘의 그것으로 변화시키게까지 한 그러한 아픈 자극과 깊은 인상이 있었다는 것을 더 잘 이야기하는 외에 아무것도 아닌 것이겠다.

2

　세대와 풍정은 나날이 변한다. 그러나 그 변화는 그들을 점점 더 살 수 없는 가운데서 그들의 존재를 발견할 수밖에 없도록 하는 변화에 지나지 아니하였다. 이 첫 번 희생으로는 그의 아내가 산후의 발병으로 세상을 떠나고 말은 것이었다. 나이 많은(많다 하여도 사십이 좀 지난) 어머니를 위로 모시고 어미 잃은 젖먹이를 품 안에 끼고 그날 그날의 밥을 구하여 어두운 거리를 헤매이는 그의 인간고야말로 참담 그것이었다.

　'죽어라, 죽어, 차라리 죽어라. 나의 이 힘없는 발길에 걸치적대지를 말아라. 피곤한 이 다리를 위하여 평탄한 길을 내어 다오.'

　그의 푸른 입술이 떨리는 이러한 무서운 부르짖음이 채──그의 입술을 떨어지기도 전에 안타까운 몇날의 호흡을 계속하여 오던 그 젖먹이마저 놓였던 자리도 없이 죽은 어미의 뒤를 따라갔다. M군과 그, 그리고 애총 메이는 사람, 이 세 사람이 돌림돌림 얼어붙은 땅을 땀을 흘리

어 가며 파서 그 조그마한 시체를 묻어 준 다음에 M군과 그는 저문 서울의 거리를 걷는 두 사람이 되었다.

"M군, 나는 이제 나의 지게의 한편짝 짐을 내려놓았어. 나는 아무래도 여기서 이대로는 살아갈 수 없으니 죽으나사나 고향을 한번 뛰어나가 볼 테야."

"그야…… 그러나 늙으신 자네의 어머니를 남의 땅에서 고생시킨다면 차라리 더 아픈 일이 아니겠나?"

"그러나 나는 불효한 자식이라는 것을 면치 못한 지 벌써 오래니깐."

드물게 볼 만치 그의 눈이 깊숙이 숨벅이고 축축히 번쩍이는 것이 그의 굳은 결심의 빛을 여지없이 말하고 있는 것도 같았다.

T씨(T씨는 그와의 의는 좋지 못하다 할망정 그래도 그에게는 단 하나밖에 없는 친아우였다), 어렵기 짝이 없는 그들의 살림이면서도 이 단둘밖에 없는 형제가 딴집살림을 하고 있는 것도 그들의 의가 좋지 못한 까닭이었으나 그러나 그가 이 크낙한 결심을 의논하려 함에는 그는 그 T씨의 집으로 달려가지 아니하면 아니 되었다.

"네나 내나 여기서는 살 수 없으니 우리 죽을 셈치고 한번 뛰어나가 벌어 보자."

"형님은 처자도 없고 한 몸이니깐 그렇게 고향을 뛰어나가시기가 어렵지 않으시리다만 나만 해도 철없는 처가 있고 코 흘리는 저 업(T씨의 아들)이 있지 않소? 자, 저것들을 데리고 여기서 살재도 고생이 자심한데 낯설은 남의 땅에 가서 그 남 못할 고생을 어떻게 하며 저것들은 다 무슨 죄란 말이오, 가려거든 형님 혼자나 가시오. 나는 갈 수 없으니."

일상에 어머니를 모신 형, 그가 가까이 있어서 가뜩이나 살기 어려운데 가끔 어머니를 구실로 그에게 뜯기워 가며 사는 것을 몹시도 괴로이 여기던 T씨는 내심으로 그가 어서 어머니를 모시고 어디로든지 멀리 보이지 않는 곳으로 가기를 바라고 기다렸던 것이었다. 그가 홧김에,

"어머니, 큰아들 밥만 밥입니까? 작은아들 밥도 밥이지요. 큰아들만 그렇게 바라지 마시고 작은아들네 밥도 가끔 가서 열흘이고 보름이고 좀 얻어 잡숫다 오시구려."

이러한 그의 말이 비록 그의 홧김이나 술김의 말이라고는 하나, 그러나 일상의 가난에 허덕이는 자식들을 바라볼 때에 불안스럽고 면구스러운 마음을 이기지 못하는 늙은 그들의 어머니는 작은아들 T씨가 싫어할 줄을 번연히 알면서도, 또 작은아들 역시 큰아들보다 조금도 나을 것 없이 가난한 줄까지 번연히 모르는 것도 아니었으나, 그래도 큰아들 가 없은 생각에 하루이고 이틀이고 T씨의 집으로 얻어먹으러 터덜거리고 갔었다. 또 그 외에도, 즉 어머니 생일날 같은 때,

"너도 어머니의 자식, 나도 어머니의 자식, 네나 내나 어머니의 자식 되기는 일반인데 내가 큰아들이래서 내 혼자서만 물라는 법이 있니, 그러니 너도 반만 물 생각해라."

그럴 때마다 반이고 삼분의 일이고 T씨는 할 수 없거나 있거나 싫은 것을 억지로 부담하여 왔었다. 이와 같은 것들이 다──T씨가 그의 가까이 있는 것을 그다지 좋아하지 아니하는 까닭이었다.

"그럼 T야, 너 어머니를 맡아라. 나는 일 년이고 이태이고 돈을 벌어 가지고 돌아올 터이니 그러면 그 때에는⋯⋯."

"에──다 싫소. 돈 벌어 가지고 오는 것도 아무것도 다 싫소. 내게 어머니가 당했소? 그런 어수룩한 소리 하지도 마시오. 더군다나 생각해 보시오. 형님은 지금 처자도 다 없는 단 한 몸에 늙으신 어머님 한 분을 무엇을 그러신단 말이오? 나는 처자들이 우굴우굴하는데 게다가 또 어머니까지 어떻게 맡는단 말이오? 형님이 어머니를 모시고 다니

시면서 고생을 시키든지 낙을 뵈이든지 그건 다 내가 알 배 아니니깐 어머니를 나한테 떠맡기고 갈 생각은 꿈에도 마시오.”

이렇게 T는 그의 면전에서 한 번에 획——뱉아 버리고 말았다.

어머니를 그 자식들이 서로 떠미는 이 불효, 어머니 모시기를 싫어하는 이 불효, 이것도 오직 그들을 어찌할 수도 없이 비끄러매이고 있는 적빈(몹시 가난함), 그것이 그들로 하여금 차마 저지르게 한 조고마한 죄악일 것이다.

그 후 며칠 동안 그는 그의 길들였던 세대 도구를 다 팔아 가지고 몇 푼의 노비를 만들어서 정든 고향을 길이 등지려는 가련한 몸이 되었다. 비록 그다지 의는 좋지 못하였다고는 하나 그러나 그러한 형, 그와의 불의도 다——적빈 그것 때문이었던 그의 아우 T는 생사를 가운데 놓은 마지막 이별을 맡기며 눈물 흘려 설워하는 사람도 오직 이 T 하나가 있을 따름이었다.

“어머니, 형님, 언제나 또 뵈오리까?”

“잘 있거라, 잘 있거라.”

목메인 그들의 차마 보지 못할 비극. 기차는 가고 T씨는 돌아오고 한밤중 경성 역두에는 이러한 눈물의 이별극이 자국도 없이 있었다.

죽마의 친구 M군이 학창의 여가를 타서 부산 부두까지 따라와서 마음으로의 섭섭함으로써 그들 모자를 보내어 주었다. 새벽 바람 찬 부두에서 갈림을 아끼는 친구와 친구는 손을 마주 잡고,

“언제나 또 만날까, 또 만날 수 있을까, 세상이라는 것은 우리가 생각하는 바 그러한 것은 아니라네. 부디 몸조심, 부모 효도 잊지 말아 주게.”

“잘 있게. 이렇게 먼 데까지 나와 주니 참 고맙기 끝없네. 자네의 지금 한 말 언제라도 잊지 아니할 것일세. 때때로 생사를 알리는 한 조

각 소식 부치기를 잊지 말아 주게. 자——그러면."

새벽 안개 자욱한 속을 뚫고 검푸른 물을 헤치며 친구를 싣고 떠나가는 연락선의 뒷모양을 어느 때까지나 하염없이 바라보아도 자취도 남기지 않은 그 때가, 즉 그 해도 저물려는 십이월 십이일 이른 새벽이었다.

그 후 그의 소식을 직접 들을 수 있는 고향의 사람에는 오직 M군이라는 그의 친구가 있을 따름이었다. 그가 처음의 한두 번을 제하고는 T씨에게 직접 편지하지 아니한 것과 같이 T씨도 처음의 한두 번을 제하고는 그에게 편지하지 아니하였다.

오직 그들 형제는 그도 M군을 사이로 하여 T씨의 소식을 얻어 알고 T씨도 M군을 사이로 하여 그의 생사를 알 수 있는 흐릿한 상태가 길이 계속되어 왔던 것이다.

M에게 보내는 편지(제1신)

M군 추운데 그렇게 먼 곳까지 나와서 어머니와 나를 보내 주려고 자네의 정성을 다하였으니 그 고마운 말을 무엇으로 다하겠나. 이 나의 충정의 만분의 일이라도 이 글발에 붙여 보려 할 뿐일세. 생전에 처음 고향을 떠난 이 몸의 몸과 마음의 더없는 괴로움 또한 어찌 이루 다 말하겠나. 다만 나의 건강이 조금도 축나지 아니한 것만 다시없는 요행으로 알고 있을 따름일세. 그러나 처음으로의 긴 동안의 여행으로 말미암아 어머님께서는 건강을 퍽 해하셔서 지금은 일어 앉으시지도 못하시고 누워 계시네. 이렇게도 몸의 아픔과 괴로움을 맛보시면서도 나에게 대하여는 도리어 미안하다는 듯이 이렇다는 말씀 한마디 아니하시니 이럴 때마다 이 자식의 불효를 생각하고 스스로 하늘을 우러러 한숨지며 이 가슴이 찢어지는 것과 같은 아픔을 맛보는 것일세. 자네가 말한 바와 같이 역시 세상은 우리들이 생각한 바와는 몹시도 다른 것인 모양이야.

오나가나 나에게 대하여서는 저주스러운 것들뿐이요 차디찬 것들뿐일세
그려!

이곳에는 조선 사람으로만 조직되어 있는 조합이 있어서 처음 도항하
여 오는 사람들을 위하여 직업 거주 등절을 소개도 하며 돌보아도 주며
여러 가지로 편의를 도모하기에 진력하고 있는 것일세. 나의 지금 있는
곳은 신호(고베)시에서 한 일 리쯤 떨어져 있는 산지에 가까운 곳인데
이 곳에는 수없는 조선 사람의 노동자가 보금자리를 치고 있는 것일세.
이 산비탈에 일면으로 움들을 파고는 그 속에서 먹고 자고 울고 웃고
씻고 빨래하고 바느질하고 하면서 복작복작 오물거리며 살아가는 것일
세. 빨아 널은 흰 옷자락이 바람에 날리는 것이나 다홍 저고리와 연두
치마 입은 어린아이들이 오고가며 뛰노는 것이나 고향땅을 멀리 떠난
이 곳일세만 그래도 우리끼리 모여사는 것 같아서 그리 쓸쓸하거나 낯
설지는 않은 듯해!

나는 아직 움을 파지는 못하였네. 헐어빠진 함석 철판 몇 장과 화재
터의 못 쓸 재목 몇 토막을 아까운 돈의 몇 푼을 들여서 사다가 놓기는
하였네마는 처음 당해 보는 긴 여행 끝에 몸도 피곤하고 날도 요즈음
좀 춥고 또 그날 그날 먹을 벌이를 하노라고 시내로 들어가지 아니하면
아니될 몸이라 어떻게 그렇게 내가 들어 있을 움집이라고 쉽사리 팔 사
이가 있겠나. 병드신 어머님을 모시고서 동포라고는 하지만 낯설은 남
의 집에서 폐를 끼치고 있는 생각을 하면 어서어서 하루라도 바삐 움집
이나마 파서 짓고 들어야 할 터인데 모든 것이 다——걱정거리뿐일세.
직업이라야 별로 이렇다는 직업이 있을 까닭이 없네. 더욱 요즈음은 겨
울날이라 숙련된 기술 노동자 외에는 그야말로 함부로 그날그날을 벌어

먹고 사는 막벌이꾼 노동자는 할 일이 아무것도 없는 것일세. 더욱이 나는 아직 이 곳 사정도 모르고 해서 당분간은 고향에서 세간 기명을 팔아 가지고 노자 쓰고 나머지 얼마 안 되는 돈을 살이나 뼈를 긁어먹는 세음으로 갉아먹어 가며 있을 수밖에 없네. 그러나 이 곳은 고향과는 그래도 좀 달라서 아주 하루에 한 푼도 못 벌어서 눈뜨고 편히 굶고 앉았거나 그렇지는 않는 셈이여.

　이불과 옷을 모두 팔아 먹고 와서 첫째로 도무지 추워서 살 수 없네. 더군다나 병드신 늙은 어머님을 생각하면 어서 하루라도 바삐 돈을 변통하여서 덮을 것과 입을 것을 장만하여야만 할 터인데 그 역시 걱정거리의 하나일세.

　아직도 여행 기분이 확——풀리지 아니하여 들뜬 마음을 진정시키지 못하였으니 우선 이만한 통지 비슷한 데 그치거니와 벌써부터 이렇게 고향이 그리워서야 어떻게 앞으로 길고긴 날을 살아갈는지 의문일세. 이 곳 사람들은 이제 처음이니깐 그렇지 조곰 지나가면 차차 관계치 않다고 하데마는 요즈음은 밤이나 낮이나 눈만 감으면 고향 꿈이 꾸어져서 도무지 괴로워 살 수 없네그려. 아——과연 운명은 나의 앞길에 어떠한 장난감을 늘어 놓을는지 모르겠네마는 모두를 바람과 물결에 맡길 작정일세. 직업도 얻고 어머니의 병환도 얼른 나으시게 하고 또 움집이라도 하나 마련하여 이국의 생활이나마 조금 안정이 된 다음에 서서히 모든 것을 또 알리어 드리겠네. 나도 늙은 어머니와 특히 건강을 주의하겠거니와 자네도 아무쪼록 몸을 귀중히 생각하여 언제까지라도 튼튼한 일꾼으로의 자네가 되어 주기를 바라네. 떠난 지 며칠 못 되는 오늘 어찌 다시금 만날 날을 기필할 수야 있겠나마는 운명이 전연 우리 두 사람을 버리지 않는다면 일후 또다시 반가이 만날 날이 없지도 않겠지!

한 번 더 자네의 끊임없는 건강을 빌며 또 자네의 사랑에 넘치는 글을 기다리며……친구 X로부터…….

M에게 보내는 편지(제2신)

M군! 하늘을 꾸짖고 땅을 눈 흘긴들 무슨 소용이 있겠나.

M군 M군! 어머니는 돌아가셨네. 세상에 나오신 지 오십 년에 밝은 날 하루를 보시지 못하시고 이렇다는 불평의 말씀 한 마디도 못하여 보시고 그대로 이역의 차디찬 흙 속에 길이 잠드시고 말았네. 불효한 이 자식을 원망하시며 쓰라렸던 이 세상을 저주하시며 어머님의 외롭고 불쌍한 영혼은 얼마나 이 이역 하늘에 수없이 방황하실 것인가. 죽음! 과연 죽음이라는 것이 무엇이겠나, 사람들은 얼마나 그 죽음을 무서워하며 얼마나 어렵게 알고 있나. 그러나 그 무서운 죽음, 그 어려운 죽음이라는 것이 마침내는 그렇게도 우습고 그렇게도 하잘것없이 쉬운 것이더란 말인가. 나는 이제 그 일상에 두려워하고 어렵게 여기던 죽음이라는 것이 사람이 나기보다도 사람이 살아가기보다도 그 어느 것보다 가장 하잘것없고 가장 우스꽝스러운 것이라는 것을 잘 알았네. 오십 년 동안 기구한 목숨을 이어 오시던 어머님이 하루아침에 그야말로 풀잎에 맺혔던 이슬과 같이 사라지고 마는 것을 보니 인생이라는 것이 그다지도 허무하더라는 것을 느낄 대로 느꼈네.

M군! 살 길을 찾아서 고향을 등지고 형제를 떨치고 친구를 버리고 이곳으로 더듬거려 흘러온 나는 지금에 한 분밖에 아니 계시던 어머님을 잃었네그려! 내가 지금 운명의 끊임없는 장난을 저주하면 무엇을 하며, 나의 불효를 스스로 뉘우치며 한탄한들 무엇을 하며, 무상한 인세에 향하여 소리지르며 외친들 그 또한 무엇하겠나! 사는 것도 죽는 것도 모두가 허무일세. 우주에는 오직 이 허무 외에는 아무것도 없는 것일세.

한 분 어머니를 마저 잃었으니 지금에 나는 문자대로 아주 홀몸이 되고 말았네. 이제 내가 어디를 간들 무엇 내 몸을 비끄러매이는 것이 있겠으며, 나의 걸어가는 길 위에 무엇 걸리적대일 것이 있겠나? 나는 일로부터 그 날을 위한 그 날의 생활, 이러한 생활을 하여 가려고 하는 것일세. 왜? 인생에게는 다음 순간이 어찌 될지도 모르는 오직 눈앞의 허무스러운 찰나가 있을 따름일 터이니깐!

나는 지금에 한 사람의 훌륭한 숙련 직공일세. 사회에 처하여 당한 유직자일세. 고향에 있을 때 조금 배워 둔 도포업이 이 곳에 와서 끊어져 가던 나의 목숨을 이어 주네. 씌어먹을 줄 어찌 알았겠나. 지금 나는 ××조선소 건구도공부에 목줄을 매이고 있네. 급료 말인가? 하루에 일원 오십 전, 한 달에 사십오 원. 이 한 몸뚱이가 먹고 살기에는 너무나 많은 돈이 아니겠나? 나는 남는 돈을 저금이라도 하여 보려 하였으나 인생은 허무인데 그것 무엇 그럴 필요가 있나. 언제 죽을지 아는 이 몸이라고 아주 바로 저금을 다하고, 그것 다 내게는 주제넘은 일일세. 나의 주린 창자를 채우고 남는 돈의 전부를 술과 그리고 도박으로 소비해 버리고 마는 것일세. 얻어도 술! 잃어도 술! 지금 나의 생활이 술과 도박이 없다 할진댄 그야말로 전혀 제로에 가깝다고 해도 과언이 아니겠네.

고향에도 봄이 왔겠지. 아! 고향의 봄이 한없이 그리웁네그려! 골목골목이 '앵도저리뻿지' 장사 다니고 개천가에 달래 장사 헤매이는 고향의 봄이 그립기 한이 없네그려. 초저녁 병문에 창자를 끊는 듯한 처량한 날라리 소리, 젖빛 하늘에 떠도는 고향의 봄이 더욱 한없이 그리워 산 설고 물 설은 이 땅에도 봄은 찾아와서 지금 내가 몸을 의지하고 있는 이 움집을, 다닥다닥 붙은 산비탈도 엷은 양광에 씻기어 가며 종달새 노래에 기지개 펴고 있는 것일세. 이 때에 나는 유쾌하게 일하고 있는 것일세. 이 세상을 괴롭게 구는 봄이 밖에 왔건마는 그것은 나와는 아무 관계가 없다는 듯이 소리 높이 목청 놓아 노래 부르며 떠들며 어머님 근심도 집의 근심도 또 고향 근심도 아무것도 없이 유쾌하게 일하고 있는 것일세.

어머님이 돌아가시던 그 움집은 나의 눈으로는 보기도 싫었네. 그리하여 나는 새로이 건너온 사람에게 그 움집을 넘기고 그 곳에서 좀 뚝 떨어져서 새로이 움집을 하나 또 지었네. 그러나 그 새 움집 속에서는 누구라 나의 돌아오기를 기다리고 있겠나. 참으로 아무도 없는 것일세. 나는 일터에서 나오는 대로 밤이 깊도록 그대로 시가지를 정신 없이 헤매이다가 그야말로 잠을 자기 위하여 그 움집을 찾아들고 찾아들고 하는 것일세. 그러나 내가 거리 한모퉁이나 공원 벤치 위에서 밤새운 것도 한두 번이 아닌 것은 말할 것도 없네.

자네는 지금 나의 찰나적으로 타락된 생활을 매도할는지도 모르겠네. 그러나 설사 자네가 나를 욕하고 꾸지람을 한다 하더라도 어찌할 수 없는 일일세. 지금 나의 심정의 참 깊은 속을 살펴 알 사람은 오직 나를 제하고 아무도 없는 것이니깐. 원컨대 자네는 너무나 나를 책망 힐타만 말고서 이——나의 기막힌 심정의 참 깊은 속을 조금이라도 살펴 주기를 바라네.

어머님이 돌아가신 지도 벌써 두 주일이 넘었네그려. 그 즉시로 자네에게 이 비참한 소식을 전하여 주려고도 하였으나 자네 역시 짐작할 일이겠지마는 도무지 착란된 나의 머리와 손끝으로는 도저히 한 자를 그

릴 수가 없었네. 그래서 이렇게 늦은 것도 늦은 것이겠으나 아직도 나의 그 극도로 착란되었던 머리는 완전히 진정되지 못하였네. 요사이 나의 생활 현상 같아서야 사람이 사는 것이 무슨 의의가 있는 것이겠으며 또 사람이 살아야만 하겠다는 것도 무슨 까닭인지 도무지 알 수가 없네. 오직 모든 것이 우습게만 보이고 하잘것없이만 보이고 가치없어만 보이고 순간에서 순간으로 옮기는 데에만 무엇이고 있다는 의의가 조금이라도 있는 것인 듯하기만 하네. 나의 요즈음 생활은 나로서도 양심의 가책을 전연 받지 않는 것도 아닐세. 그러나 지금의 나의 어두워진 가슴에 한 줄기 조그마한 빛깔이라도 돌아올 때까지는 이러한 생활을 계속하지 아니하면 아니되겠네. 설사 이 당분간이라는 것이 나의 눈을 감는 전 순간까지를 가리키는 것이 된다 하더라도…….

어머님의 돌아가심에 대하여는 물론 영양 부족으로 말미암은 몸의 극도의 쇠약과 도에 넘치는 기한이 그 대부분의 원인이겠으나 그러나 그 직접 원인은 생전 못하여 보시던 장시간의 여행 끝에 극도로 몸과 마음의 흥분과 피로를 가져온 데다가 토질이 다른 물과 밥으로 말미암은 일종의 토질 비슷한 병에 걸리신 데 있는 것이라고 생각하네. 평소에 그다지 뛰어난 건강을 가지시었다고는 할 수 없었으나 별로 잔병치레를 하지도 아니하며 계시던 어머님이 이번에 이렇게 한 번에 힘없이 쓰러지실 줄은 참으로 꿈밖에도 생각 못하였던 바이야. 돌아가실 때에도 역시 아무 말도 아니하시고 오직 자식 낳아 길러서 남같이 호강은 못 시키나마 뼈마디가 빠지도록 고생시킨 것이 다시없이 미안하고 한이 된다는 말씀과 T를 못 보시며 돌아가시는 것이 또 한 가지 섭섭한 일이라는 말씀, 자네의 후정을 감사하시는 말씀을 하실 따름이었었네. 그리고는 그다지 몸의 고민도 없이 고요히 잠들 듯이 눈을 감으시데. 참 허무한,

그러나 생각하면 우선 눈물이 앞을 가리는 어머님의 임종이었네. 어머님의 그 말들은 아직도 그 부처님 같은 어머니를 고생시킨 이 불효의 자식의 가슴을 에이는 것 같으며 내 일생 내가 눈 감을 순간까지 어찌 그 때 그 말씀이 나의 기억에서 사라질 수가 있겠나!

나는 일로부터 자유로이 세상을 구경하며 그날 그날을 유쾌하게 살아가려고 하는 것일세. 나의 장래를 생각할 것도, 불쌍히 돌아가신 어머님을 생각할 것도 다 없다고 생각하네. 왜? 그것은 차라리 나의 못박힌 가슴에 더없는 고통을 가져오는 것이니깐! 마음 가라앉는 대로 일간 또 자세한 말 그리운 말 적어 보내겠거니와 T도 지금에 어머님 세상 떠나가신 것도 모르고 그대로——적빈 속에 쪼들리어 가며 허덕이겠지? 또한 생각하면 가슴이 아프기 한이 없네. T에게는 곧 내가 직접 알려 줄 것이니 어머님의 세상 떠나신 데 대하여는 자네는 아무 말도 하지 말아 주게. 자네의 정에 넘치는 글을 기다리고 아울러 자네의 더없는 건강을 빌며…….

친구 X로부터.

M에게 보내는 편지(제3신)

M군! 내가 자네를 그리워 한없이 적조한 날을 보내는 거와 같이 자네도 또한 나를 그리어 얼마나 적조한 날을 보냈나? 언제나 나는 자네의 끊임없는 건강을 알리우고 자네는 나의 또한 끊임없는 건강을 알리울 수 있는 것이 오직 우리 두 사람의 다시도 없는 기쁨이 아니겠나.

내가 신호를 떠나 이 곳 명고옥으로 흘러온 지도 벌써 반 년! 아——고향땅을 떠난 지도 벌써 꿈결 같은 삼 년이 지나갔네그려. 그 동안에 나는 무엇을 하였나. 오직 나의 청춘의 몸담은 삼 년이 속절없이 졸아

들었을 따름일세그려! 신호 ××조선소 시대의 나의 생활은 그 가운데 비록 한 분 어머니를 잃은 설움이 있었다고는 하나, 그러나 가만히 생각하여 본다면 그것은 참으로 평온 무사하고 안일한 생활이었었네. 악마와 같은 이 세상에 이미 도전한 지 오래인 나로서는 이 평온 무사하고 안일한 직선 생활이 싫증이 났네. 나는 널리 흐트러져 있는 이 살벌의 향이 고루고루 보고 싶어졌네. 그리하여 그 곳에서 사괴인 그 곳 친구 한 사람과 함께 이 곳 명고옥으로 뛰어온 것일세. 두 사람은 처음에 이 곳 어느 식당 '뽀이(보이)'가 되었었네.

세상이 허무라는 이 불후의 법칙은 적용되지 아니하는 곳이 없데. 얼마 전 그의 공휴일에 일상에 사냥을 즐기는 그는 그의 친구와 함께 이 곳에서 퍽 멀리 떨어져 있는 어느 산촌으로 총을 메고 떠나갔네. 그러나 그날 오후에 그는 그의 친구의 그릇으로 그 친구는 탄환에 맞아 산중에서 무참히 죽고 말았네. 그 친구는 겁결에 그만 어디로 도망하였었으나 얼마 되지 아니하여 잡히었다고 하데. 일상에 쾌활하고 개방적이고 양기에 넘치던 그를 생각하며 다시 한 번 더 세상의 허무를 느낀 것일세. 그와 나의 사귐의 동안이 비록 며칠 되지는 아니하였으나 퍽——마음과 뜻의 상통됨을 볼 수 있던 그를 잃은 나는 그래도 그곳을 획——떠나지 못하고 지금은 그 식당 '헤드 쿡'이 되어 가지고 있으면서 늘——그를 생각하며 어떤 때에는 이 신변의 약간의 공허까지도 느낄 적이 다 있네.

나의 지금 목줄을 매이고 있는 식당은 이름이야 '먹을 식자' 식당일세마는 그것은 먹기 위한 식당이 아니라 놀기를 위한 식당일세. 이 안에는 피아노가 놓여 있고 라디오가 있고 축음기가 몇 개씩이나 있네. 뿐만 아니라 어여쁜 여자(여급)가 이십여 명이나 있으니 이 곳 청등 그늘을 찾아드는 버러지의 무리들은 '맨해튼'과 '화이트 호스'에 신경을 마비시켜 가지고 난조의 재즈에 취하며 육향 분복한 소녀들의 붉은 입술을 보려고 모여드는 것일세. 공장의 기적이 저녁을 고할 때면 이 곳 식당은 그 광란의 두께를 열기 시작하는 것일세. 음란을 극한 노래와 광대에 가까운 춤으로 어우러지고 무르녹아서 그날 밤 그날 밤이 새어 가는 것일세. 이 버러지들은 사회 전반의 계급을 망라하였으니 직업이 없는 부랑아·샐러리맨·학생·노동자·신문 기자·배우·취한, 그러한 여러 가지 계급의 그들이나 그러나 촉감의 향락을 구하며 염가의 헛된 사랑을 구하러 오는 데에는 다 한결같이 일치하여 버리고 마는 것일세.

나는 밤마다 이 버러지들의 목을 축이기 위한, 신경을 마비시키기 위한 비료 거리와 마취제를 요리하기에 여념이 없는 것일세. 나는 밤새도록 이 어지러운 소음을 귀가 해어지도록 듣고 있는 것일세. 더없는 황홀과 흥분과 피로를 느끼면서 나의 육체를 노예화시켜서 그들에게 제공하고 있는 것일세. 그 피로와 긴장도 지금에 와서는 다 어느덧 면역이 되고 말았네마는!

나는 몇 번이나 나도 놀랄 만치 코웃음쳤는지 모르겠네. 나! 오늘까지 나 역시 그 날의 근육을 판 그 날의 주머니를 술과 도박에 떨고 떠는 생활을 계속하여 오던 나로서 그 버러지들을 향하여, 그 소음을 향하여 코웃음을 쳤다는 말일세. 내가 시퍼런 칼을 들고 나의 손을 분주히 놀릴 때에 그들의 떠들고 날치는 것이 어떻게 그리 우습게 보이는지 몰랐네.

'무엇하러 저들은 일부러 술로 몸을 피로시키며 밤새임으로 정력을 감퇴시키기를 즐겨 할까? 무엇하러 저들의 포켓을 일부러 털어 바치러 올까?'

이것은 전면 나에게 대하여 수수께끼였네. 한편으로는 그들이 어린애 같이 보이고 철없어 보이고 불쌍한 생각까지 들어서,

'내가 왜 술을 먹었던가? 내가 왜 도박을 했던가? 내가 왜 일부러 나의 포켓을 털어 바쳤었던가?'

이렇게 지나간 이태 남짓한 나의 생활에 대하여 의심도 하며 스스로 꾸짖으며 부끄러워도 하여 보았네.

'인제야 내 마음이 아마 바른 길로 들었나 보다.'

이렇게 생각하여 보았으나,

'술을 먹지 말아야지. 도박도 고만두어야지. 돈을 모아야지. 이것이 옳을까. 아──그러나 돈은 모아서 무엇하랴. 무엇에 쓰며 누구를 주랴. 또 누구를 주면 무엇하랴.'

이러한 생각이 아직도 나의 머리에 생각되어 밤마다 모여드는 그 버러지들을 나는 한없이 비웃으면서도 그래도 나는 아직 그 타락적 찰나적 생활 기분이 남아 있는지 인생에 대한 허무와 저주를 아니 느낄 수는 없네. 그러나 이것이 나의 소생의 길일는지도 모르겠으나 때로 나의 과거 생활의 그릇됨을 느낄 적도 있으며 생에 대한 참된 의의를 조금씩이라도 알아지는 것도 같으니 이것이 나의 마음과 사상이 점점 약하여 가는 징조나 아닌가 하여 섭섭히 생각될 적도 없지 않으나 하여간 최근 나의 내적 생활 현상은 확실히 과도기를 걷고 있는 것 같으니 이 때에 아무쪼록 자네의 나를 위한 마음으로의 교시와 주저없는 편달을 바라고 기다릴 뿐일세. 이렇게 심리 상태의 정곡을 잃은 나는 요사이 무한히 번민하고 있는 것이니깐!……

직업이 직업이라 밤을 낮으로 바꾸는 생활이 처음에는 꽤 괴로운 것이었으나 지금 와서는 그것도 면역이 되어서 공휴일 같은 날 일찍 드러

누우면 도리어 잠이 얼른 오지 아니하는 형편일세. 그러나 물론 이러한 생활이 건강상에 좋지 못할 것은 명백한 일이니 나로서 나의 몸의 변화를 인식하기는 좀 어려우나 일상에 창백한 얼굴빛을 가지고 있는 그 소녀들이 퍽 불쌍하여 보이네.

그러나 또 한편 밤잠은 못 잘망정 지금의 나는 한 사람의 훌륭한 쿡으로서 누구에게도 손색이 없는 것일세. 부질없는 목구멍을 이어 가기에 나는 두 가지의 획식술을 배웠구나 하는 생각을 하면 이 몸이 한없이 애처롭기도 하네! 쿡이니만큼 먹기는 누구보다도 잘 먹으며 또 이 식당 안에서는 그래 당당한 세력을 가지고 있는 것일세. 내가 몹시 쌀쌀한 사람이라 그런지 여급들도 그리 나를 사괴이려고도 아니하나 들은즉 그들 가운데에도 퍽 고생도 많이 하고 기구한 운명에 쫓기어 온 불쌍한 사람도 많은 모양이야.

이 쿡 생활이 언제까지나 계속되겠으며 또 이 명고옥에 언제까지나 있을지는 나로서도 기필할 수 없거니와 아직은 이 쿡 생활을 그만둘 생각도, 명고옥을 떠날 계획도 아무것도 없네. 오직 운명이 가져올 다음의 장난은 무엇인지 기다리고 있을 따름일세. 처음 신호에 닿았을 때, 그곳 누구인가가 말한 것과 같이 날이 가고 달이 가면 차차 관계치 않으리라 하더니 참으로 요사이는 고향도 형제도 친구도 다 잊었는지 별로이 꿈도 안 꾸어지네. 오직 자네를 그리워하는 외에는 그저 아무나 만나는 대로 허허 웃고 사는 요사이의 나의 생활은 그다지 나로 하여금 적막과 고독을 느끼게 하지도 않네. 차라리 다행으로 여길까?

이 곳은 그다지 춥지도 않으나 고향은 무던히 추우렷다. T는 요사이 어찌나 살아가며 업이가 그렇게 재주가 있어서 공부를 잘한다니 T 집안을 위해서나 널리 조선을 위해서나 또 한 번 기뻐할 일이 아니겠나? 자네의 나를 생각하여 주는 뜨거운 글을 기다리고 아울러 자네의 건강을 빌며.

X로부터

M에게 보내는 편지(제4신)

태양은——언제나 물체들의 짧은 그림자를 던져 준 적이 없는 그 태양을 머리에 이고——였다느니보다는 비뚜로 바라다보며 살아가는 곳이 내가 재생하기 전에 살던 곳이겠네. 태양은 정오에도 결코 물체들의 짧은 그림자를 던져 주기를 영원히 거절하여 있는——물체들은 영원히 긴 그림자만을 가짐에 만족하고 있지 아니하면 아니될——그만큼 북극권에 가까운 위경도의 숫자를 소유한 곳——그 곳이 내가 재생하기 전에 내가 살던 참으로 꿈 같은 세계이겠네. 원시를 자랑스러운 듯이 이야기하며 하늘의 높은 것만 알았던지 법선으로만 법선으로만 이렇게 울립(울창하게 자란 모양)하여 있는 무수한 침엽수들은 백중 천중으로 포개져 있는 잎새 사이로 담황색 태양광을 황홀한 간섭 작용으로 투과시키고 있는, 잠자고 있는 듯한 광경이 내가 재생하기 전에 살던 그 나라 그 북국이 아니면 어느 곳에서도 얻어 볼 수 없는 시적 정조인 것이겠네. 오로지 지금에는 꿈——꿈이라면 너무나 깊이가 깊고 잊어버리기에 너무나 감명독한 꿈으로만 나의 변화 많은 생의 한 조각답게 기억되네마는 언제나 휘발유 찌꺼기 같은 값싼 음식에 살찐 사람의 지방빛 같은 그 하늘을 내가 부득이 연상할 적마다 구름 한 점 없는 이 청천을 보고 있는 나의 개인 마음까지 지저분한 막대기로 휘저어 놓은 것 같네. 그것은 영원히 나의 마음의 흐리터분한 기억으로 조금이라도 밝은 빛을 얻어 보려고 고달파하는 나의 가엾은 노력에 최후까지 수반될 저주할 방해물인 것일세.

나의 육안의 부정확한 오차를 관대히 본다 하더라도 그것은 이십오도에는 내리지 않을 치명적 '슬로프'이었을 것일세. 그 뒷독뒷독하는 위험하기 짝이 없는 궤도 위의 바람을 쪼개고 공간을 쪼개고 맥진하는 '토로코' 위에 내 몸을 싣는다는 것은 전혀 나의 생명을 그대로 내어던지려는 것과 조금도 다름없는 것일세. 이미 부정된 생을 식도라는 질긴 줄에 포박당하여 억지로 질질 끌려 가는 그들의 '살아간다는 것'은 그들의 피부와 조금도 질 것 없이 조그만치의 윤택도 없는 '짓'이 아니고 무엇이겠나. 그들의 메마른 인후를 통과하는 격렬한 공기의 진동은 모두가 창조의 신에 대한 최후적 마멸의 절규인 것일세. 그 음울한 소리를 들을 수 있는 사람은 누구나 다──싫다는 것을 억지로 매질을 받아 가며 강제되는 '삶'에 대하여 필사적 항의를 드리지 않을 사람이 어디 있겠나. 오직 그들의 눈에는 천고의 백설을 머리 위에 이고 풍우로 더불어 이야기하는 연산의 봄도라지들도 한낱 악마의 우상밖에 아무것으로도 보이지 않는 것일세. 그 때에 사람의 마음은 환경의 거울이라는 것이 아니겠나.

　나는 재생으로 말미암아 생에 대한 새로운 용기와 환희를 한몸에 획득한 것 같은 지금의 나로 변하여 있는 것일세. 그러기에 전세의 나를 그 혈사를 고백하기에 의외의 통쾌와 얼마의 자만까지 느끼는 것이 아니겠나. 내가 그 경사 위에서 참으로 생명을 내어던지는 일을 하던 그 의식 없던 과정을 자네에게 쏟아뜨리는 것도 필연컨대 그 용기와 그 기쁨에 격려된 한 표상이 아닐까 하는 것일세.

　그 때까지의 나의 생에 대한 신념은──구태여 신념이 있었다고 하면 그것은 너무나 유희적이었음에 놀라지 아니할 수 없네.

　'사람이 유희적으로 살 수가 있담?'

　결국 나는 때때로 허무 두 자를 입 밖에 헤뜨리며 거리를 왕래하는 한 개 조그마한 경멸할 '니힐리스트(허무주의자)'였던 것일세. 생을 찾다가, 생을 부정했다가 드디어 첨으로 귀의하여야 할 나의 과정은——나는 허무에 귀의하기 전에 벌써 생을 부정하였어야 될 터인데——어느 때의 내가 나의 생을 부정했던가…… 집을 떠날 때! 그 때는 내가 줄기찬 힘으로 생에 매어달리지 않았던가. 그러면 어머님을 잃었을 때! 그 때 나는 어언간 무수한 허무를 입 밖에 방산시킨 뒤가 아니었던가. 그 사이! 내가 집을 떠날 때부터 어머님을 잃을 때까지 그 사이는 실로 짧은 동안…… 뿐이랴, 그 동안에 나는 생을 부정해야만 할 아무런 이유도 가지지 않았던가.

　생을 부정할 아무 이유도 없이 앙감질(단족도)로 허탄히 허무를 질질 흘려 왔다는 그 희롱적 나의 과거가 부끄럽고 꾸지람하고 싶은 것일세. 회한을 느끼는 것일세.

　'생을 부정할 아무 이유도 없다. 허무를 운운할 아무 이유도 없다. 힘
　차게 살아야만 하는 것이……'

　재생한 뒤의 나는 나의 몸과 마음에 채찍질하여 온 것일세. 누구는 말하였지.

　'신에게 대한 최후의 복수는 내 몸을 사바로부터 사라뜨리는 데 있다'고.

　그러나 나는,

　'신에게 대한 최후의 복수는 부정되려는 생을 줄기차게 살아가는 데 있다' 이렇게…….

또한 신뢰와 같이 그 '슬로프'를 나려 줄이고 있는 얼마 안 되는 순간에, 어떠한 순간이었네. 내 귀에는 무서운 소리가 들려 왔어.

"X야, 뛰어내려라 죽는다……."

"네 뒤 토로가 비었다. 뛰어내려라!"

나는 거의 본능적으로 고개를 돌렸네. 과연 나의 뒤를 몇 간 안 되게까지 육박해 온——반드시 조종하는 사람이 있어야만 할 그 '토로' 위에는 사람이 없는 것이었네. 나는 '브레이크'를 놓았네. 동시에 나의 '토로'도 무서운 속도로 나의 앞에 가는 '토로'를 육박하는 것이었네. 나는 '토로' 위에서 필사적으로 부르짖었네.

"야! 앞의 토로야. 브레이크를 놓아라. 충돌된다. 죽는다. 내 뒤 토로에는 사람이 없다. 브레이크를 놓아라."

그러나 앞의 '토로'는 '브레이크'를 놓을 수 없었네. 그것은 '레일'이 끝나는 종점에 거의 가까이 닿았으므로 앞의 '토로'는 도리어 '브레이크'를 눌러야만 할 필요가 있는 것이었네.

'내가 뛰어내려? 그러면 내 토로의 브레이크는 놓아진다. 그러면서 내 토로는 앞의 토로와 충돌된다. 그러면 앞의 놈은 죽는다……'

나는 뒤를 또 한 번 돌아다보았네. 얼마 전에 놀래어 '브레이크'를 놓은 나의 '토로'보다도 훨씬 먼저 '브레이크'가 놓아진 내 뒤 '토로'는 내 '토로' 이상의 가속도로 내 '토로'를 각각으로 육박해 와서 이제는 한두 간 뒤——몇초 뒤에는 내 목숨을 내어던져야 될(참으로) 충돌이 일어날——그렇게 가깝게 육박해 있는 것이었네.

'뛰어내리지 아니하고 이대로 있으면 아무리 브레이크를 놓아도 나는 뒤 토로에 충돌되어 죽을 것이다. 뛰어내려? 그러면 내가 뛰어내린 빈 토로와 그 뒤를 육박하던 빈 토로는 충돌될 것이다. 다행히 선로 바깥으로 굴러 떨어지면 좋겠지만 선로 위에 그대로 조금이라도 걸쳐

놓인다면 그 뒤를 따르던 토로들은 이가 빠진 토로에 충돌되어 쓰러지고 또 그 뒤를 따르던 토로는 거기서 충돌되고, 또 그 뒤를 따르던 토로는 거기서 충돌되고, 이렇게 수없는 토로들은 뒤으로 뒤으로 충돌되어 그 위에 탔던 사람들은 죽고 다치고…….'

나는 세 번째 또한 거의 본능적으로 뒤를 돌아다보았네. 그러나 다행히 넷째 '토로'부터 앞에 올 위험을 예기하였던지 '브레이크'를 벌써 눌러서 멀리 보이지도 않을 만큼 떨어져서 가만가만히 내려오고 있는 것이었네. 다만 화산의 분화를 바라보고 있는 사람의 눈초리와 같은 그러한 공포에 가득 찬 눈초리로 멀리 앞을——우리들을 바라다보고 있는 것이었네. 그 때에,

'뛰어내리자. 그래야만 앞의 사람이 산다.'

내가 화살 같은 '토로'에서 발을 떼이려 하는 순간 때는 이미 늦었었네. 뒤에 육박해 오던 주인 없는 '토로'는 무슨 증오가 나에게 그리 깊었던지 젖먹은 기운까지 다하는 단말마의 야수같이 나의 '토로'에 거대한 음향과 함께 충돌되고 말았네. 그 순간에 우주는 나로부터 소멸되고 다만 오랫동안의 무가 계속되었을 뿐이었다고 보고할 만치 모든 일과 물건들은 나의 정신권 내에 있지 아니하였던 것일세. 다만 재생한 후 멀리 내 '토로'의 뒤를 따르던 몇 사람으로부터 '공중에 솟았던' 나의 그 후 존재를 신화 삼아 들었을 뿐일세.

재생되던 첫 순간 나의 눈에 비최인 나의 주위에 더러운 광경을 나는 자네에게 이야기하고 싶지 않네. 그것은 그런 것을 쓰고 있는 동안에 나의 마음에 혹시나 동요가 생기지나 아니할까 하는 위험스러운 의문에서——그러나 나의 주위에 있는 동무들의 참으로 근심스러워하는 표정의 얼굴들이 두 번째로 나의 눈에 비치었을 때에 의식을 잃은 나의 전

몸뚱어리에서 다만 나의 입만이 부드럽게——참으로 고요히——참으로 착하게 미소하는 것을 내 눈으로도 보는 것 같았었네. 나는 감사하였네. 신에게보다도 우선 그들 동무에게——감사는 영원히 신에게 드림이 없이 그 동무들에게만 그치고 말는지도 몰라. 내 팔이 아직도 나의 동체에 달려 있는가 만져 보려 하였으나 그 팔 자신이 벌써 전부터 생리적으로 움직일 수 없는 것이 된 지 오래였던 모양이네. 나는 다시 그들 동무들에게 감사하며 환계 같은 꿈 속으로 깊이 빠지고 말았네. 나는 어머니에게 좀더 값있는 참다운 삶을 살 수 있게 하지 못한 '내'가 악마——신이 아니라——에게 무수히 매맞는 것을 보았네. 그리고 나는 '나'에게 욕하였고 경멸하였네. 그리고 생에 새로운 참다운 의의와 신에 대한 최후적 복수의 결심을 마음속으로 깊이 암송하였네. 그 꿈은 나의 죽은 과거와 재생 후의 나 사이에 형상지어져 있는 과도기에 의미 깊은 꿈이었네. 하여간 이를 갈아 가며라도 살아가겠다는 악지가 나의 생에 대한 변경시키지 못할 신념이었네. 다만 나의 의미 없이 또 광명 없이 그대로 삭제되어 버린 과거——나의 인생의 한 부분을 섧게 조상하였을 따름일세.

털끝만한 인정미도 포함하고 있지 아니한 바깥에 부는 바람은 이 북국에 장차 엄습하여 올 무서운 계절을 교활하게 예고하고 있는 것이나 아니겠나. 번개같이 스치는 지난 겨울, 이 곳에서 받은 나의 육체적 고통의 기억의 단편들은 눈 깜빡할 사이에 무죄한 나를 전율시키는 것일세. 이 무서운 계절이 이 나라에 찾아오기 전에 어서 이 곳을 떠나서 바람이나마 인정미——비록 그러한 사람은 못 만나더라도——있는 바람이 부는 곳으로 가야 할 터인데 나의 몸은 아직도 전연 부자유하게 비끄러매여 있네——그것은 육체적으로나 정신적으로나 의사라는 사람은

나의 반드시 원상대로의 복구를 예언하데마는 그러나 행인지 불행인지 나는 방문 밖에서,

"절뚝발이는 아무래도 면치 못하리라."

이렇게 근심(?)하는 그들의 말소리를 들었네그려——만일에 내가 그들의 이 말과 같이 참으로 절뚝발이가 되고 만다 하면——나는 이 생각을 하며 내 마음이 우는 것을 느끼네.

'절뚝발이'

여태껏 내 몸 위에 뒤집어씌워져 있던 무수한 대명찰 외에 나에게는 또 이러한 새로운 대명찰 하나가 더 뒤집어지는구나——어디까지라도 깜깜한 암흑에 지질러워 있는 나의 앞길을 건너다보며 영원히 나의 신변에서 없어진 등불을 원망하는 것일세. 절뚝발이도 살 수 있을까——절뚝발이도 살게 하는 그렇게 관대한 세계가 지상에 어느 한 귀퉁이에 있을까? 자네는 이 속타는 나의 물음——아니 차라리 부르짖음에 대하여 대답할 무슨 재료, 아니 용기라도 있겠는가?

북국 생활 칠 년! 그 동안에 나는 지적으로나 덕적으로나 많은 교훈을 얻은 것만은 사실일세. 머지아니한 장래에 그 전에 나보다 확실히 더 늙은 절뚝발이의 내가 동경에 다시 나타날 것을 약속하네. 그 곳에는 그래도 조금이라도 따뜻한 나의 식어빠진 인생을 조금이라도 덥혀 줄 바람이 불 것을 꿈꾸며 줄기차게, 정말 악마까지도 나를 미워할 때까지 줄기차게 살겠다는 것도 약속하네. 재생한 나이니까 물론 과거의 일체 추상은 곱게 청산하여 버리고 박물관 내의 한 권의 역사책으로 하여 가만히 표지를 덮는 것일세. 모든 새로운 광채 찬란한 역사는 이제로부터 전개할 것일세. 하면서도

'절뚝발이가?……'

새로이 방문하여 오는 절망을 느끼면서도 아직 나는 최후까지 줄기차게 살 것을 맹세하는 것일세. 과거를 너무 지껄이는 것이 어리석은 일이라면 장래를 너무 지껄이는 것도 어리석은 일일 것일세.

M군! 자네가 편지를 손에 들고 글자 글자를 자네 눈에 통과시킬 때, 자네 눈에 몇 방울 눈물이 있으리란 추측이 그렇게 억측일까? 그러나 감히 바란다면 '첫째로는 자네의 생에 대한 실망을 경계할 것이며, 둘째로는 나의 절뚝발이에 대하여 형식적 동정에 그칠 것이요, 결코 자살적 비애를 느끼지 말 것들'이겠네. 그것은 나의 지금 이 '줄기차게 살겠다는' 무서운 고집에 조그마한 실망적 파동이라도 이끌어 올까 두려워서…… 나의 염세에 대한 결사적 투쟁은 자네의 신경을 번잡케 할 만치 되어 나아갈 것을 자네에게 약속하기를 꺼리지 아니하네. 자네의 건강을 비는 동시에 못 면할 이 절뚝발이의 또한 건강이 있기를 빌어 주기를 은근히 바라며.

X로부터.

M에게 보내는 편지(제5신)

자네의 장문의 편지 그 가운데에 오직 자네의 건강을 전하는 구절 외에는 글자 글자의 전부가 오직 나의 조소를 사기 위한 외에 아무 매력도 가지지 아니한 것들이었네. 자네는 왜——남에게 의지하여 살아가려 하는가? 남에게 의지하여 살아간다는 것은 곧 생에 대한 권리를 그 사람 위에 가져올 자포자기의 것이라는 것을 어찌 모르는가? 일조일석에 그 많은 재물을 탕진시켜 버렸다 하여 자네는 자네 아버지를 무한히 경멸하며 나중에는 부수적으로 따라오는 절망까지 하소연하지 아니하였는가? 그것이 자네가 스스로 구실을 꾸미어 가지고 나아가서 자네의 애를 써 잘——경영되어 나오던 생을 구태여 부정하여 보려는 것이 아니고 무엇이겠나? 그것은 비겁인 동시에——모든 비겁이 하나도 죄악 아닌 것이 없는 것과 같이——역시 죄악인 것일세.

어렵거든, 혹은 나의 말이 우의적으로 좋지 않게 들리거든 구태여라도 운명이라고 그렇게 단념하여 주게. 그것도 오직 자네에게 무한한 사랑을 받고 있는 나의 자네에 대한 무한한 사랑에서 나온 것인 만큼 나는 자네에게 인생의 혁명적으로 새로운 제이차적 '스타일'을 충고치 아니할 수 없는 것일세. 그리고 될 수만 있으면 이 운명이라는 요물을 신용치 말아 주기를 바라는 것일세——이렇게 말하는 나 자신부터도 이 운명이라는 요물의 다시 없는 독신자이면서도——

'운명의 장난?'

하, 그런 것이 있을 수가 있나? 있다면 너무도 운명의 장난이겠네.

M군! 나는 그 동안 여러 날을 두고 몹시 앓았네. 무슨 원인인지 나도 모르게, 이——원인 알 수 없는 병이 나의 몸을 산 채로는 더 삶을 수 없는 데까지 삶아 가지고는 죽음의 출입구까지 이끌어 갔던 것일세. 그때에 나의 곱게 청산하여 버렸던 나의 정신 어느 모에도 남아 있지 않아야만 할 재생하기 전에 일어났던 일까지도 재생 후의 그것과 함께, 즉 단열로 나의 의식 앞을 천천히 지나가고 있는 것이었네. 그리고 나는 반 의식의 나의 눈으로 그 행렬 가운데서 숨차게 허덕이던 과거의 나를 물끄러미 바라다보고 있던 것이었네. 그것은 내 눈에 너무도 불쌍한 꼴로 나타났기 때문에 아——그것들은——

'이것이 죽은 것인가 보다. 적어도 죽어가는 것인가 보다.'

이렇게 몽롱히 느끼면서도

'죽는 것이 이렇기만 하다면야.'

이런 생각도 나서 일종의 통쾌까지도 느낀 것 같으며 그러나 죽어가는 나의 눈에 비치는 과거의 나의 모양, 그 불쌍한 꼴을 보는 것은 확실히 슬픈 일일 뿐 아니라 고통이었네. 어쨌든 나를 간호하던 이 집 주인의 말에 의하면 무엇 나는 잠을 자면서도 늘——울고 있더라던가…….

'이것이 죽는 것이라면——'

이렇게 그——꼴사나운 행렬을 바라보던 나의 머리 가운데에는 내가 사랑에 주려 있는 형제와 옛 친구를 애걸하듯이 그리며 그 행렬 가운데에 행여나 나타나기를 무한히 기다렸던 것일세. 이 마음이 아마 어떤 시인이 병석에서 부른——,

'얼른 이 때 옛 친구 한 번씩 모두 만나 둘 거나.'

하던 그 시경에 노는 것이나 아닌가 하였네.

순전한 하숙이라고만 볼 수도 없으나 그러나 괴상한 성격을 각각 가진 사람들이 많이 모여 있는 지금의 나의 사는 곳일세. 이 곳 주인은 나보다 퍽 연배에 속하는 사람으로 그의 일상 생활 양으로 보아 나의 마음을 끄는 바가 적지 않았으되 자세한 것은 더 자세히 안 다음에 써 보내겠거니와 하여간 내가 고국을 떠나 자네와 눈물로 작별한 후로 처음으로 만난 가장 친한 친구의 한 사람으로 사괴이고 있는 것일세. 그와 나는 깊이깊이 인생을 이야기하였으며 나는 그의 말과 인격과 그리고 그의 생애에 많은 경의로써 대하고 있는 중일세.

운명의 악희가 내게 끼칠 '프로그램'은 아직도 다하지 아니하였던지 나는 그 죽음의 출입구까지 다녀온 병석으로부터 다시 일어났네. 생각하면 그 동안에 내가 흘린 '땀'만 해도 말로 계산할 듯하니 다시금 푹 젖은 요 바닥을 내려다보며 이 몸의 하잘것없는 것을 탄식하여 마지않

앉으며 피비린 냄새 나는 눈방울을 달음박질시켜 가며 불려 놓았던 나의 '포켓'은 이번 병으로 말미암아 많이 줄어들었네. 그러나 병석에서도 나의 먹을 것의 걱정으로 말미암아 나의 그 '포켓'을 건드리게 되기는 주인의 동정이 너무나 컸던 것일세. 지금도 그의 동정을 받고 있을 뿐이야. 앞으로도 길이 그의 동정을 받지 않으리라고는 단언할 수 없으며,

'돈을 모아 볼까.'

내가 줄기차게 살아 보겠다는 결심으로 모은 돈을 남의 동정을 받아 가면서도 쓰기를 아까워하는 나의 마음의 추한 것을 새삼스러이 발견하는 것 같아서 불유쾌하기 짝이 없네. 동시에 나의 마음이 잘못하면 허무주의에 돌아가지나 아니할까 하여 무한히 경계도 하고 있었네.

M군! 웃지 말아 주게. 나는 그 동안에 의학 공부를 시작하였네. 그것은 내가 전부터 그 방면에 취미가 있었다는 것도 속일 수 없는 일이겠으나 또 의사인 자네를 따라가고 싶은 가엾은 마음에서 그리 한 것이라고 말하고 싶은 것도 속일 수 없는 일이겠네. 모든 것이 다——그——줄기차게 살아가겠다는 가엾은 악지에서 나온 짓이라는 것을 생각하고 부드러운 미소로 칭찬하여 주기를 바라는 것일세. 또다시 생각하면 나의 몸이 불구자이므로 세상에 많은 불구자를 동정하고자 하는 마음에서 그러는 것인지도 모르겠으나 내가 불구자인 것이 사실인 만큼 내가 의학 공부를 시작한 것도 자네에게는 너무나 돌연적이겠으나 역시 사실인 것을 어찌 하겠나. 여기에도 나는 주인의 많은 도움을 받아 오는 것을 말하여 두거니와 하여간 이 새로운 나의 노력이 나의 앞길에 또 어떠한 운명을 늘어 놓도록 만드는지 아직은 수수께끼에 붙일 수밖에 없네.

불쌍한 의문에 싸였던 그 '정말 절뚝발이가 되는지'도 끝끝내는 한 개의 완전한 절뚝발이로 울면서 하던 예언에 어기지 않은 채 다시금 동경 시가에 나타났네그려! 오고가는 사람이 이 가엾은 '인생의 패배자' 절뚝발이를 누구나 비웃지 않고는 맞고 보내지 아니하는 것을 설워하는 불유쾌한 마음이 나는 아무리 용기를 내어보았으나 소제시킬 수가 없이 뿌리 깊이 박혀 있네그려.

'영원한 절뚝발이, 그러나 절뚝발이의 무서운 힘을 보여 줄 걸, 자세히 보아라.'

이 곳에서도 원한과 울분에 짖는 단말마의 전율할 신에 대한 복수의 맹세를 볼 수 있는 것일세. 내 몸이 이렇게 악지를 쓸 때에 나는 스스로 내 몸을 돌아다보며 한없는 연민과 고독을 느끼는 것일세. 물에 빠져 애쓰는 사람의 목이 수면 위에 솟았을 때 그의 눈이 사면의 무변 대해임을 바라보고 절망하는 듯한 일을 나는 우는 것일세. 그 때마다 가장 세상에 마음을 주어 가까운 사람에게 둘러싸여 따뜻한 이불 속에 고요히 누워서 그들과 또 나의 미소를 서로 교환하는 그러한 안일한 생활이 하루바삐 실현되기를 무한히 꿈꾸고 있는 것일세. 그것은 즉시로 내 몸을 깊은 '노스탤지어'에 빠뜨려서는 고향을 꿈꾸게 하고 친구를 꿈꾸게 하고 육친과 형제를 꿈꾸게 하도록 표상되는 것일세. 나는 가벼운 고통 가운데에도 눈물겨운 향수의 쾌감을 눈 감고 가만히 느끼는 것일세.

명고옥의 쿡 생활 이후로 전전 유랑의 칠 년 동안 한 번도 거울을 들여다본 적이 없던 나는 절뚝발이로 동경에 돌아와서 처음으로 거울에 비치는 나의 모양이 나로서도 놀라지 않을 수 없을 만치 그렇게도 무섭게 변한 데에 '악!' 소리를 지르지 아니할 수 없었네. 그것은 청춘——뿐이랴, 인생의 대부분을 박탈당한 썩어 찌그러진 흠집 투성이의 값없는 골동품인 나였던 것일세.

그 때에도 나는 또한 나의 동체를 꽉 차서 치밀어 올라오는 무거운 '피스톤'에 눌리우는 듯한 절망에 빠졌었네. 그러나 즉시 그것은 나에게 아무것도 아니라는 것을 가르쳐 주며 이 패배의 인간을 위로하며 격려하여 주데.

그 때에,

'그러면 M 군도, 아차, T도!'

이런 생각이 암행 열차같이 나의 허리를 스쳐갔네. 별안간 자네의 얼굴이 보고 싶어서 환등을 보는 어린아이의

'무엇이 나올까.'

하는 못생긴 생각에 가득 찼네. 그래서 나도 자네에게 나의 근영(최근 사진)을 한 장 보내거니와 자네도 나의 환등을 보는 어린아이 같은 마음을 생각하여 자네의 최근 사진을 한 장 보내 주기를 바라네. 물론 서로 만나 보았으면 그 위에 더 시원하고 반가울 일이 있겠냐마는 기필치 못할 우리의 운명은 지금도 자네와 나, 두 사람의 만날 수 있는 아무 방책도 가르쳐 주지 않네그려!

내가 주인에게 그만큼 나의 마음을 붙일 수까지 있었느니만큼 아직 나는 아무 데로도 옮길 생각은 없네. 지금 생각 같아서는 앞으로 얼마든지 이 곳에 있을 것 같으니까 나에게 결정적 변동이 없는 한 자네는 안심하고 이 곳으로 편지하여 주기를 바라네. T는 요즈음 어떠한가? 여전히 적빈에 심신을 쪼들리우고 있다 하니 그도 한 운명에 맡길 수밖에 없지 않겠나.

나의 안부 잘 전하여 주게. 내가 집을 떠나 십 년 동안 T에게 한 장 편지를 직접 부치지 아니한 데 대하여서는——나의 마음 가운데에 털끝

만치라도 T에게 악의가 있지 아니한 것은 물론 자네가 잘 알고 있으니깐——자네의 사진이 오기를 기다리며, 또 자네의 여전한 건강을 빌며——영원한 절뚝발이 X로부터.

3

벗어나려고 애쓰는 환경일수록 그 환경은 그 사람에게 매어달려 벗어나지를 않는 것이다. T가 아무리 그 적빈을 벗어나려고 애써 왔으나 형과 갈린지 십유여 년인 오늘까지도 역시 그 적빈을 면할 수는 없었다. 아버지의 불의의 실패가 있기 전까지는 그래도 그 곳에서는 상당히 물적으로 유족한 생활을 하고 있던 M군의 호의로 T가 결정적 직업을 가지게 되지 못하였었다 할진댄 세상에서——더욱이 가난한 사람은 더욱 가난해지지 않으면 안 되게 변하여 가는 세상에서 T의 가족들은 그날그날의 목을 축일 것으로 말미암아, 더욱이나 그들의 머리를 식히지 않을 수 없었을 것이다. 그러나 다행히 위험성 적은 생계를 경영해 나아간다고는 하여도 역시 가난 그것을 한 껍데기도 면치 못한 것은 말할 것도 없다. 행인지 불행인지 T의 아내는 '업'이 하나를 낳은 뒤로는 사나이도 계집아이도 낳지 못하였다. 그리하여 T의 가정은 쓸쓸하였다. 그러나 다만 세 식구밖에 안 되는 간단한 가정으로도 그 때나 이 때나 존재하여 왔던 것이다.

적빈 가운데에서 출생한 업이가 반드시 못났으리라고 추측한다면 그것은 전연 사실과 반대되는 추측일 것이다. 업이는 그 아버지 T에게서도, 또 그 외에 그 가족의 누구에서도 찾아볼 수 없을 만치 영리하고 예민한 재질과 풍부한 두뇌의 소유자로 태어났던 것이다. 과연 업이는 어려서부터 간기(간질병)로 죽을 뻔하면서 겨우 살아났다. 그러나 지금에는 건강한 몸이 되었다. T의 적빈한 가정에는 그들에게 다시없는 위안 거리였고 자랑거리였었다. T의 부처는 업이가 어려서부터 죽을 것을 근 근히 살려 왔다는 이유로도, 또 남의 자식보다 잘나고 똑똑하다는 이유 로도, 그 가정의 자랑거리라는 이유로도 그 아들의 덕을 보겠다는 이유 로도, 그들의 줄 수 있는 최절정의 사랑을 업에게 바쳐 왔던 것이다.

양육의 방침이 그 양육되는 아이의 성격의 거의 전부를 결정한다면 교육의 방침도 또한 그의 성격에 적지 아니한 관계를 끼칠 것이다. 업 이는 적빈한 가정에 태어났으나 또한 M군의 호의로 받을 만큼의 계제 적 교육을 받아 왔다. 좋은 두뇌의 소유자인 업에게 대하여 이 교육은 효과 없지 않을 뿐이랴! 무엇에든지 그는 남보다 먼저 당할 줄 알고, 남 보다 일찍 알 줄 알고 남보다 일찍 느낄 줄 아는 혁혁한 공적을 이루었 다. M군이 해외에 있는 그 친구에게 보내는 편지마다 자기의 공로를 자 랑하는 의미를 떠난 더없는 칭찬도 칭찬이었거니와 학교 선생이나 그들 주위의 사람들은 누구나 다 최고의 칭찬하기를 아끼지 아니하여 왔던 것이다. T에게는 이것이 몸에 넘치는 광영인 것은 물론이요, 그러므로 업이는 T의 둘도없는 자랑거리요 보물이었던 것이다.

'훌륭한 아들을 가진 사람'

이와 같은 말을 들은 T로 하여금 업을 위하여야 하는 것은 물론이요, 이와 같은 말을 영구히 받기 위하여서는 업이를 T의 상전으로 위하게까 지 시켰다. 너무 과도한 칭찬의 말은 T에게 기쁨을 줄 뿐 아니라 T에게 또한 무거운 책임도 주는 것이었다.

'이 아들을 위해야 한다.'

업을 소유한 아버지의 T씨가 아니었고 T가 씨를 소유한 아들이었던 것이다. 업은 T씨가 가장 그 책임을 다하여야만 하고 그 충실을 다하여 야만 할 T씨의 주인인 것이었다. T씨는 업이 그 어머니의 뱃속을 하직

하던 날부터 오늘까지 성난 손으로 업을 때려 본 일이 한 번도 없었을 뿐만 아니라 변한 어조로 꾸지람 한 마디 못하여 본 채로 왔던 것이다.

'내가 지금은 이렇게 가난하지만 저것이 자라서 훌륭하게 되는 날에는 나는 저것의 덕을 보리라.'

다만 하루라도 바삐 업이 학업을 마치기만, 그리하여 하루라도 바삐 훌륭한 사람이 되어지기만 한없이 기다리던 것이었다. 비록 업이 여하한 괴상한 행동에 나아가더라도 T씨는

'저것도 다 공부에 소용되는 일이겠지.'

하고 업이 활동 사진 배우의 '푸로마이트'를 사다가 그의 방벽에다가 죽 붙여 놓아도 그것이 무엇이냐고 업에게도 M군에게도 묻지도 아니하고 그저 이렇게만 생각하여 버리고 고만두는 것이었다. 더욱이 무식한 T씨로서는 그런 것을 물어보거나 혹시 잘못하는 듯한 점에 대하여 충고라도 하여 보거나 하는 것은 필요 없는 간섭같이 생각되어 전혀 입을 내어밀기를 주저하여 왔던 것이다. 언제나 T씨는 업의 동정을 살펴 가며 업이가 T씨 밑에서 사는 것이 아니라 T씨가 업의 밑에서 사는 것과 같은 모순에 가까운 상태에서 그날 그날을 살아 왔던 것이다.

이런 때에 선천적 성격이라는 것은 의문이 많은 것이다. 사람의 성격은 외래의 자극, 환경에 따라 형성지어지는 것이라는 결론에 도달치 아니할 수 없는 것이다. 이와 같은 교육 방침 밑에 있는, 또 이와 같은 환경에서 자라나는 업의 성격이 그가 태어난 가정의 적빈함에 반대로 교만하기 짝이 없고 방종하기 짝이 없는 업을 형성할 것은 물론임에 오류를 발견할 수 없을 것이다. 업은 자기 주위의 모든 사람을 보기를 모두 자기 아버지 T씨와 같이 보는 것이었다. 자기의 말을 T씨가 잘 들어주듯이 세상 사람도 그렇게 희생적으로 자기의 말에 전연 노예적으로 굴종할 것이라고 믿는 것이었다. 자기를 호위하여 주리라고 믿는 것이었

다. 업의 걷잡을 수도 없는 공상은 천마가 공중을 가는 것과 같이 자유롭게 구사되어 왔던 것이다.

'햄릿'의 '유령', '올리브'의 '감람수의 방향', '브로드웨이'의 '경종', '맘모톨'의 '리젤', '오페라' 좌의 '화문천정' —— 이렇게.

허영! 그것들은 뒤가 뒤를 물고 환상에 젖은 그의 머리를 끊이지 아니하고 지나가는 것이었다. 방종·허영·타락, 이것은 영리한 두뇌의 소유자인 업이라도 반드시 걸어야만 할 과정이 아닐까? 그들의 가정이 만들어 내인, 그들의 교육 방침이 만들어 내인, 그러나 엉뚱한 결과를 가져오게 한 예기 못한 기적. 업은 과연 지금에 그의 가정에 혜성같이 나타난 한 기적적 존재인 것이었다.

4

M군은 실망하였다. 업은 아무리 생각하여 보아도 '마이너스'의 존재였다.

'저런 사람이 필요할까? 아니 있어도 좋을까?'

그러나 '유해무익'이라는 참을 수 없는 결론이었다.

'가지가 돋고 꽃이 피기 전에 일찍이 그 순을 잘라 버리는 것이 낫지 않을까?'

M군에게 대하여서는 너무도 악착한 착상이었다. 그리하여,

'다시 한 번 업의 전도를 위하여 잘 지도하여 볼까.'

그러나

'한 사람의 사상은 반응키 어려울 만치 완성되어 있지 않은가. 뿐만 아니라 설복을 당하기에는 업의 이지는 너무 까다롭다.'

M군의 업에게 대한 애착은 근본적으로 다하여 버렸다. M군의 이러

한 정신적 실망의 반면에는 물질적 방면에서 받은 영향도 적지 아니하였다. 그것은 오늘날까지 업의 학비를 대어 오던 M군이 수 년 전에 그의 아버지가 불의의 액운으로 말미암아 파산을 당하다시피 되어 유유자적하던 연구실의 생활도 더 하지 못하고 어느 관립 병원 촉탁의가 되어 가지고 온갖 물질적 고통을 당하지 않으면 아니되게 되었던 것이다. 그간으로도 M군은 여러 번이나 업의 학비를 대이기를 단념하려 하였던 것이었으나, 그러나 아직 그의 업에 대한 실망이 그리 크지도 아니하였고 또 싹이 나려는 아름다운 싹을 그대로 꺾어 버리는 것도 같아서 어딘지 애착 때문에 매어달려지는 미련에 끌리어 그럭저럭 오늘까지 끌어왔던 것이었으나 지금에 이르러서는 그의 업에 대한 애착과 미련도 곱게 어디론지 다 사라지고 말았다. 그렇기 때문에 이 물질적 관계가 그로 하여금 업을 단념시키기를 더욱 쉽게 하였던 것이나 아니었던가 한다.

"업이! 이번 봄은 벌써 업이 졸업일세그려!"

"네——구속 많고 귀찮던 중학 생활도 이렇게 끝나려 하고 보니 섭섭한 생각이 없는 것도 아닙니다."

"그러면 졸업 후의 지망은?"

"음악 학교!——"

그래도 주저하던 단념은 M군을 결정시켜 버렸다.

"업이 자네도 잘 알다시피 지금의 나는 나 한 몸뚱이를 지지해 나아가기에도 어려운 가운데 있어! 음악 학교의 뒤를 대어 줄 수가 없다는 것은 결코 악의가 아니야. 나의 지금 생각 같아서는 천재의 순을 꺾는 것도 같으나 이제부터는 이만큼이라도 자네를 길러 주신 가난한 자네의 부모의 은혜라도 갚아 보는 것이 좋을 것 같네."

이 말을 하는 M군은 도저히 업의 얼굴을 치어다볼 수가 없었다. M군

의 이와 같은 소극적 약점은 업으로 하여금

　'오──네 은혜를 갚으란 말이로구나.'

하는 부적당한 분개를 불지르게 하는 것이었다. 그러나 이렇게 말하는 M군은 언제인가 학교 무슨 회에서 여흥으로 만인의 이목이 집중되는 연단 위에서 '바이올린'의 줄을 농락하던 그 업이를 생각하고 섭섭히 생각한 것만치 그에게는 조금도 악의가 품어 있지 아니하였던 것이다. M군의 업에 대한 '내 몸이 어렵더라도 시켜 보려 하였으나' 하던 실망은 즉시로 '나를 미워하는 세상, 내 마음대로 되지 않는 세상' 하는 업의 실망으로 옮기어졌다.

　'내 생명을 꺾으려는 세상, 활동의 원동력을 주려 하지 않는 세상.'

　'M씨여, 당신은 나를 미워했지. 나의 천재를 시기했지. 나는 당신을 원망합니다.'

　어두운 거리를 수없이 헤매이는 것이, 여항의 천한 계집과 씩뚝꺽뚝 하소연하는 것이, 남의 집 담 모퉁이에서 밤을 새우는 것이, 공원 '벤치'에서 낮잠을 자는 것이, 때때로 죽어가는 T씨를 졸라서 몇푼의 돈을 긁어 내어 피부의 옅은 환락을 찾아다니는 것이 중학을 마치고 나온 청소년 업의 그 후 생활이었다.

　나날이 늘어 가는 것은 업의 교만 방종한 태도.

　"아버지! 아버지는 왜 다른 아버지들과 같이 돈을 많이 좀 못 벌었습디까? 왜 남같이 자식 공부 좀 못 시켜 줍니까? 왜 남같이 자식 호강 좀 못 시켜 줍니까? 왜 돋으려는 순을 꺾느냐는 말이오."

　'아버지 무섭다'는 생각은 업에게 털끝만치도 있을 리가 없었다. 그것은 차라리 T씨가 아들 업이를 무서워하는 것이 옳을 것 같은 상태였었으니까.

　"오냐, 다──내 죄다. 그저 아비 못 만난 탓이다."

T씨는 이렇게 업에게 비는 것이었다.

'애비가 자식 호강 못 시키는 생각만 하고, 자식이 애비 호강 좀 시켜
보겠다는 생각은 꿈에도 못하겠니? 예끼, 못된 자식.'

T씨에게 이런 생각은 참으로 꿈에도 날 수 없었다. '천재를 썩힌다.
애비의 죄다' 이렇게 T씨의 생활은 속죄의 생활이었다. 그 날의 밥을
끓여 먹을 쌀을 걱정하는 그들의 살림 가운데에서였으나, 업의 '돈을
내라' 는 절대한 명령에는 쌀 팔 돈이고 전당을 잡혀서이고 그 당장에
내어놓지 않고는 죽을 것같이만 알고 있는 T씨의 살림이었다. 차마 못
할 야료를 T씨의 눈앞에서 거리낌없이 연출하더라도, 며칠 밤씩을 못
갈 데 가서 자고 들어오는 것을 T씨 눈으로 보면서도,

'저것의 심정을 살핀다' 는 듯이,

'미안하다. 다 내 죄가 아니면 무엇이냐' 는 듯이 업의 앞에서 머리를
숙인 채 업에게 말 한 마디 던져 볼 용기도 없이 마치 무슨 큰 죄나 진
종이 주인의 얼굴을 차마 못 쳐다보는 것과 같이 묵묵히 앉아 있는 것
이었다. 때로는,

'해외의 형은 어쩌면 돈도 좀 보내 주지 않는담.'

이렇게 얼토당토 않은 그 형을 원망도 하여 보는 것이었다. T씨의 아
들 업에 대한 이와 같은 죽은 쥐 같은 태도는 업의 그 교만 종횡한 잔인
성을 더욱더욱 조장시키는 촉진제 외에는 아무것도 아니었다. 업에 실
망한 M군과 M군에 실망한 업의 사이가 멀어져 감은 물론이요, 그러한
불합리한 T씨의 태도에 불만을 가득 가진 M군과 자기 아들에게 주던
사랑을 일조에 집어던진 가증한 M군을 원망하는 T씨의 사이도 점점 멀
어져 갈 따름이었다. 다만 해외에 방랑하는 그의 소식을 직접 듣는 M군
이 그의 안부를 전하는 동시에 그들의 안부를 알려 T씨의 집을 이따금
방문하는 외에는 그들 사이에 오고감의 필요가 전혀 없던 것이었다.

M에게 보내는 편지(제6신)

두 달! 그것은 무궁한 우주의 연령으로 볼 때에 얼마나 짧은 것일까? 그러나 자네와 나 사이에 가로질렀던 그 두 달이야말로 나는 자네의 죽음까지도 우려하고 자네는 나의 죽음까지도 우려하였음직한 추측이 오측이 아닌 것이 분명할 만치 그렇게도 초조와 근심에 넘치는 기──ㄹ고긴 두 달이 아니었겠나. 자네와 나의 그 우려, 그러나 내가 이 글을 쓰며 자네의 틀림없는 건강을 믿는 것과 같이 나는 다시없는 건강의 주인으로서 나의 경력이 허락하는 한도까지 밤과 낮으로 힘차게 일하고 있는 것일세.

M군! 나의 이 끊임없는 건강을 자네에게 전하는 기쁨과 아울러 머지 아니하여 우리 두 사람이 얼굴과 얼굴을 서로 만나겠다는 기쁨을 또한 전하는 것일세.

우스운 말이나 지금쯤 참으로 노련한 한 사람의 의학사로 완성되어 있겠지. 그 노련한 의학사를 멀리 떨어져 나의 요즈음 열심히 하여 오던 의학의 공부가 지금에는 겨우 얼간 의사 하나를 만들어 놓았다는 것은 그 무슨 희극적 대조이겠나. 이것은 이 곳 친구의 직접의 원조도 원조이었겠지만, 또 한편으로 멀리 있는 자네의 나에게 대하여 주는 끊임없는 사랑의 덕이 그 대부분이겠다고 믿으며 또한 자네가 더 한층이나 반가워할 줄 믿는 소식이겠다고도 믿는 것일세. 내가 고국에 돌아간 다음에는 자네는 나의 이 약한 손을 이끌어 그 길을 함께 걸어 주겠다는 것을 약속하여 주기를 바라 마지않는 것일세.

오늘날 꿈에만 그리던 고국으로 돌아가려 하고 보니 감개무궁하여 나의 가슴을 어지럽게 하네. 십유여 년의 기나긴 방랑 생활에서 내가 얻은 것이 무엇인가? 한 분 어머니를 잃었네. 그리고 절뚝발이가 되었네. 글 한 자 못 배웠네. 돈 한 푼 못 벌었네. 사람다운 일 하나 못 하여 놓았네. 오직 누추한 꿈 속에서 나의 몸서리칠 청춘을 일생의 중요한 부분을 삭제당하기를 그저 달게 받아 왔을 따름일세. 차인잔고가 무엇인가, 무슨 낯으로 고향땅을 밟으며 무슨 낯으로 형제의 낯을 대하며 무슨 낯으로 고향 친구의 낯을 대할 것인가? 오직 회한, 차인잔고가 있다고 하면 오직 이 회한의 한 뭉텅이가 있을 따름이 아니겠나? 그러나 다시 생각하고 나는 가벼운 한숨으로써 나의 괴로운 마음을 안심시키는 것이나 그렇게 부끄러워야만 할 고향땅에는 지금쯤은 나의 얼굴, 아니 나의 이름이나마 기억할 수 있는 사람의 한 사람조차도 있지 아니할 것일 뿐이랴. 그 곳에는 이 인생의 패배자인 나의 마음으로써 반가이 맞아 줄 자네 M군이 있을 것이요, 육친의 형제 T가 있을 것이므로일세. 이 기쁨으로 나는 나의 마음에 용기를 내이게 하여 몽매에도 그리던 고향의 흙을 밟으려 하는 것일세.

근 삼 년 동안이나 마음과 몸의 안정을 가지고 머물러 있는 이 곳의 주인은 내가 자네와 작별한 후에 자네에게 주었던만큼의 우정을 아끼지 아니한 그렇게 친한 친구가 되어 있다는 말을 자네에게 전한 것을 자네는 잊지 아니하였을 줄 믿네. 피차에 흉금을 놓은 두 사람은 주객의 굴레를 일찍이 벗어난, 그리하여 외로운 그와 외로운 나는 적적한(비록 사람은 많으나) 이 집 안에 단 두 사람의 가족이 되었네. 이렇게 그에게 그의 가족이 없는 것은 물론이나 이만한 여관 외에 처처에 상당한 건물들을 그의 소유로 가지고 있는 꽤 있는 그일세.
나로서 들어 아는 바 그의 과거가 비풍참우(비참한 인생)의 혈사를 이 곳에 나열하면 무엇하겠나마는 과연 그는 문자대로의 고독한 낭인일세. 그러나 그의 친구들의 간곡한 권고와 때로는 나의 마음으로의 권고가 있음에도 불구하고 그는 결코 아내를 취하지 아니하는 것일세.

"돈도 그만큼 모았고 나이도 저만큼 되었으니 장차의 길고 긴 노후의 날을 의지할, 신변의 고적을 위로할 해로가 있어야 아니하겠소?"

"하, 그것은 전혀 내 마음을 몰라 주는 말이오."

일상의 내가 나의 객의에 고적을 그에게 하소연할 때면 그는 도리어 나를 부러워하며 자기 신변의 고적과 공허를 나에게 하소연하는 것일세. 그러면서도 그는 결코 아내를 얻지 아니하겠다 하며 그렇다고 허튼 여자를 함부로 대하거나 하는 일도 결코 없는 것일세.

'그러면 그가 여자에 대하여 무슨 갖지 못할 깊은 원한이나 있는 것이 아닐까' 하는 선입 관념을 가진 눈으로 보아서 그런지 그는 남자에게는 어떤 사람에게든지 친절하게 하면서도 여자에게는 어떤 사람에게든지 냉정하기 짝이 없는 것일세. 예를 들면 이 집 여중들에게 하는 그의 태도는 학대, 냉정, 잔인, 그것일세.

나는 때로

"너무 그러지 마오, 가엾으니."

"여자니깐."

그는 언제나 이렇게 대답할 뿐이었네. 그의 이 수수께끼의 대답은 나의 의아를 점점 깊게만 하는 것이었네. 하루는 조용한 밤, 두 사람은 또한 떫은 차를 마셔 가며 세상 이야기를 하고 있었네. 그 끝에,

"여자에 관련된, 남에게 말 못할 무슨 비밀의 과거가 있소?"

"있소! 있되 깊소!"

"내게 들려 줄 수 없소?"

"그것은 남에게 이야기할 필요도 이유도 전혀 없는 것이오. 오직 신

이 그것을 알고 있을 따름이어야만 할 것이오. 그것은 내가 눈을 감고 내 그림자가 지상에서 사라지는 동시에 사라져야만 할 따름이오."

나는 물론 그에게 질기게 더 묻지 아니하였네. 그의 그림자와 함께 사라질 비밀이 무엇인지는 모르겠으나 쾌활한 기상의 주인인 그는 또한 남다른 개성의 소유자인 것일세.

그는 나보다 십여 세 만일세. 그의 나이에 겨누어 너무 과다하다 할 만치 많이 난 그의 흰 머리털은 나로 하여금 공경하는 마음을 가지게 하네. 또한 동시에 그의 풍파 많은 과거를 웅변으로 이야기하고 있는 것도 같으니 그와 같은 그가 나를 사귀어 주기를 동년배의 터놓은 사이의 우의로써 하여 주니 내가 나의 방랑 생활에 있어서 참으로 나의 '희노애락'을 바꿀 수 있는 사람은 오직 그뿐이라고 어찌 말하지 않겠나? 그와 나는 구구한, 그야말로 경제 문제를 벗어난 가족——그가 지금에 경영하고 있는 여관은 그와 내가 주객의 사이는커녕 누가 주인인지도 모르게 차라리 어떤 때에는 내가 주인 노릇을 하게끔 되는, 말하자면 공동 경영 아래에 있는 것과 같은 그와 나 사이인 것일세. 그의 장부는 나의 장부이었고, 그의 금고는 나의 금고이었고, 그의 열쇠는 나의 열쇠이었고, 그의 이익과 손실은 나의 이익과 손실이었고, 그의 채권과 채무는 나의 채권과 채무인 것이었네. 그와 나의 모—든 행동은 그와 내가 목적을 같이한, 영향을 같이한 그와 나의 행동들이었네. 참으로 그와 내가 서로 믿음은 마치 한 들보를 떠받치고 있는 양편 두 개의 기둥이 서로 믿지 아니하면 아니 되는 사이와도 같은 것이었네.

이와 같은 기쁜 소식만을 나열하고 있던 나는 지금 돌연히 그가 세상을 떠났다는 슬픈 소식을 자네에게 전하지 않을 수 없는 운명에 조우된

지 오래인 것을 말하네. 나와 만난 후 삼 년에 가까운 동안뿐 아니라 그의 말에 의하면 그 이전에도 몸살이나 감기 한 번도 앓아 본 적이 없는 퍽 건강한 몸의 주인이던 그가 졸지에 이렇게 쓰러졌다는 것은 그와 오랫동안 같이 있던 나로서는 더욱이나 의외인 것이었네. 한 이삼 일을 앓는 동안에는 신열이 좀 있다 하더니 내가 옆에 앉아 있는 앞에서 고요히 잠자는 듯이 갔네.

'사람 없는 벌판에서 별을 쳐다보며 죽을 줄 안 내 몸이 오늘 이렇게 편안한 자리에 누워서 당신의 서러운 간호를 받아 가며 세상을 떠나니 기쁘오. 당신의 은혜는 명도에 가서 반드시 갚을 것을 약속하오──이 집과 내 가진 물건의 얼마 안 되는 것을 당신에게 맡기기로 수속까지 다 되어 있으니 가는 사람의 마음이라 가엾이 생각하여 맡아 주기를 바라고 아무쪼록 그것을 가지고 고향에 돌아가 형제 친구들과 함께 기쁘게 살아 주기를 바라오. 내가 이렇게 하잘것없이 갈 줄은 나도 몰랐소. 그러나 그것도 다──내가 나의 과거에 받은 그 뼈살에 지나치는 고생의 열매가 도진 때문인 줄 아오. 나를 보내는 그대도 외롭겠소마는 그대를 두고 가는 나는 사바에 살아 꿈즉이던 날들보다도 한층이나 외로울 것 같소!'

이렇게 쓰디쓴 몇 마디를 남겨 놓고 그는 갔네. 그 후 그의 장사도 치른 지 며칠째 되는 날, 나는 그의 일상 쓰던 책상 속에서 위의 말들과 같은 의미의 유서, 그리고 문서들을 찾아내었네.

이제 이것이 나에게 기쁜 일일까, 그렇지 아니하면 슬픈 일일까, 나는 그 어느 것이라고도 말하기를 주저하는 것일세.

내가 그의 생전에 그와 내가 주고받던 친교를 생각하면 그의 죽음은 나에게 무한히 슬픈 일이 아니겠나마는 어머니의 뱃속을 떠나던 날부터 적빈에만 지질리어 가며 살아온 내가 비록 남에게는 얼마 안 되게 보일는지 모르겠으나 나로서는 나의 일생에 상상도 하여 보지도 못할 만치의 거대한 재산을 얻은 것이 어찌 그다지 기쁜 일이 아니겠다고 생각하겠는가. 이러한 나의 생각은 세상을 떠난 그를 생각하기만 하는 데에서도 더없을 양심의 가책을 아니 받는 것도 아니겠으나 그러나 위의 말한 것은 나의 양심의 속임 없는 속삭임인 것을 어찌 하겠나.

'어째서 그가 이것을 나에게 물려 줄까?'

'죽은 그의 이름으로 사회업에 기부할까?'

이러한 생각들이 끊임없이 나의 머리에 지나가고 지나오고 한 것은 또한 내가 나의 마음을 속이는 말이겠나? 그러나 물론 전에도 느끼지 아니한 바는 아니나 차차 나이 들고 체력이 감퇴되고 원기가 좌절됨을 따라서 이 몸의 주위의 공허가 역력히 발견되고 청운의 젊은 뜻도 차차 주름살이 잡히기를 시작하여 한낱 고향을 그리워하는 마음, 한낱 이 몸의 쓸쓸한 느낌만이 나날이 커 가는 것일세. 그리하여 어서 바삐 고향에 돌아가 사랑하는 친구와 얼싸안기 원하며 그립던 형제와 섞이어 가며 몇날 남지 아니한 나의 여생을 보내고 싶은 마음이, 좀더 기쁨과 웃음과 안일한 가운데에서 보내고 싶은 마음이 날이 가면 갈수록 최근에 이르러서는 일층 더하여 가는 것일세. 내가 의학 공부를 시작한 것도 전전푼의 돈이나마 모으기 시작한 것도 그런 생각에서 나온 가엾은 짓들이었네.

사회 사업에 기부할 생각보다도 내가 가질 생각이 더 컸던 나는 드디어 그 가운데의 일부를 헤치어 생전 그에게 부수되어 있던 용인 여중들과 얼마 아니되는 채무를 처치한 다음 나머지의 전부를 가지고 고향에 돌아갈 결심을 하였네. 그들 가운데 몇 사람으로부터는 단언커니와 나의 일생에 들어 본 적이 없던 비난의 말까지 들었네.

'돈! 재물! 이것 때문에 그의 인간성이 이렇게도 더럽게 변하고 말다니! 죽은 그는 나를 향하여 얼마나 조소할 것이며 침 배앝을 것이냐.'

새삼스러이 찌들고 까부러진 이 몸의 하잘것없음을 경멸하며 연민하였네. 그러면서도,

'이것도 다——여태껏 나를 붙들어매고 있는 적빈 때문이 아니냐?'

이렇게 자기 변명의 길도 찾아 보면서 자기를 위로하는 것이었네.

친구를 잃은 슬픔은 어느 결에 사라졌는가? 지금에 나의 가슴은 고향 땅을 밟을 기쁨, 친구를 만날 기쁨, 형제를 만날 기쁨, 이러한 가지가지의 기쁨들로 꽉 차 있네. 놀라거니와 나의 일생에 있어서 한편으로는 양심의 가책을 받아 가면서라도 최근 며칠 동안만큼 기뻤던 날이 있었던가를 의심하네.

아——이것을 기쁨이라고 나는 자네에게 전하는 것일세그려. 눈물이 나네그려!

자네는 일상 나의 조카 업의 칭찬의 말을 아끼지 아니하여 왔지. 최근에 자네의 편지에 이 업에 대한 아무런 말도 잘 볼 수 없음은 무슨 일일까? 하여간 젖 먹던, 코 흘리던 그 업이를 보아 버리고 방랑 생활 십유여 년, 오늘날 그 업이 재질이 풍부한 생래의 영리한 업이로 자라났다 하니 우리 집안을 위하여서나 일상의 적빈에 우는 T 자신을 위하여서나 더없이 기뻐할 일이라고 생각하면서도, 또 한편으로는 이제는 우리 같은 사람은 아무 소용이 없구나 하는 생각을 하니 감개 무량하네. 또한 미구에 만나 볼 기쁨과 아울러 이 미지수의 조카 업이에 대하여 많은 촉망과 기대를 가지고 있는 것일세.

M군! 나는 아무쪼록 빨리 서둘러서 어서 속히 고향으로 돌아갈 차비

를 차리려 하거니와 이 곳에서 처치해야만 할 일도 한두 가지가 아니고 해서 아직도 이 곳에 여러 날 있지 아니하면 아니될 형편이나, 될 수만 있으면 세전에 고향에 돌아가 그립던 형제와 친구와 함께 즐거운 가운데에서 오는 새해를 맞이하려 하네. 어서 돌아가서 지나간 옛날을 추억도 하여 보며 그립던 회포를 풀어도 보아야 할 터인데!

일기 추운데 더욱더욱 건강에 주의하기를 바라며, T에게도 불일간 내가 직접 편지하려고도 하거니와 자네도 바쁜 몸이지만 한 번 찾아가서 이 소식을 전하여 주기를 바라네. 자——그러면 만나는 날 그 때까지 평안히——X로부터…….

어디로 가나?

사람은 다 길을 걷고 있다. 그러므로 그들은 어디로인지 가고 있다. 어디로 가나?

광맥을 찾으려는 것 같은 사람이 있는가 하면 산보하는 사람도 있다.

세상은 어둡고 험준하다. 그러므로 그들은 헤매인다. 탐험가나 산보자나 다 같이——

사람은 다 길을 걷는다. 간다. 그러나 가는 데는 없다. 인생은 암야의 장단 없는 산보이다.

그들은 오랫동안의 적응으로 하여 올빼미와 같은 눈을 얻었다. 다 똑같다.

그들은 끊임없이 목마르다. 그들은 끝없이 구한다. 그리고 그들은 끝없이 고른다.

이 '고름'이라는 것이 그들이 가지고 나온 모든 것들 가운데 가장 좋은 것이면서도 가장 나쁜 것이다.

이 암야에서도 끝까지 쫓겨난 사람이 있다. 그는 어떠한 것, 어떠한 방법으로도 구제되지 않는다.

──선혈이 임리한 복수는 시작된다. 영원히 끝나지 않는 복수를──
피──밑 없는 확대의 함정──

사람에게는 고통이 없다. 그는 지구권 외에서도 그대로 학대받았다.
그의 고기를 전부 졸여서 애(사랑)라는 공물을 만들어 사람들 앞에 눈물
흘리며도 보았다. 그러나 모든 것은 더 한층 그를 학대하고 쫓아내었을
뿐이었다.

'가자! 잊어버리고 가자!'

그는 몇 번이나 자살을 꾀하여 보았던가? 그러나 그는 이 나날이 진
하여만 가는 복수의 불길을 가슴에 품은 채 싱겁게 가 버릴 수는 없었
다.

'내 뼈끝까지 다 갈려 없어지는 한이 있더라도──그 때에는 내 정령
혼자서라도──'

그의 갈리는 이빨 사이에서는 뇌장을 갈아 마실 듯한 쇳소리와 피육
을 말아올릴 듯한 회오리바람이 일어났다.

그의 반생을 두고 (아마) 하여 내려오던 무위한 애의 산보는 끝났다.

그는 그의 몽롱한 과거를 회고하여 보며 그 눈멀은 산보를 조소하였
다. 그리고 그의 앞에 일직선으로 뻗쳐 있는 목표 가진 길을 바라보며
득의의 웃음을 완이(빙그레 웃는 모양)히 웃었다.

닦아도 닦아도 유리창에는 성에가 슬었다. 그럴수록 그는 자주 닦았
고 자주 닦으면 성에는 자꾸 슬었다. 그래도 그는 얼마든지 닦았다.

승강장 찬바람 속에 옷고름 날리며 섰다가 처음 들어왔을 때에는 퍽
따스하더니 그것도 삽시간이요, 발 밑의 '스팀'은 자꾸 식어만 가는지

삼등 객차 안은 가끔 소름이 끼칠 만치 서늘하였다.

가방을 겨우 다나 위에다 얹고 앉기는 앉았으나 그의 마음은 종시 앉지 않았다. 그의 눈은 유리창에 스는 성에가 닦아도 슬고 또 닦아도 또 슬듯이, 씻어도 솟고 또 씻어도 또 솟는 눈물로 축였다. 그는 이 까닭 모를 눈물이 이상하였다. 그런 것도 그의 눈물의 원한이었는지도 모른다.

젖은 눈으로 흐린 풍경을 보지 아니하려 눈물과 성에를 쉴 사이 없이 번갈아 닦아 가며 그는 창밖을 내다보기에 주린 듯이 탐하였다. 모든 것이 이상하기만 할 뿐이었다.

'어찌 이렇게 하나도 이상한 것이 없을까? 아!' 그에게는 이것이 이상한 것이었다.

하염없이 눈물을 흘려서 그는 그의 백사지 된 뇌와 심장을 조상하였다.

회색으로 흐린 하늘에 소리 없는 까마귀떼가 몽롱한 북망산을 반점 찍으며 감도는 모양——그냥 세상 끝까지라도 닿아 있을 듯이 겹친 데 또 겹쳐 누워 있는 적갈색의 벗어진 산들의 자비스러운 곡선——이런 것들이 그의 흥미를 일게 하지 않는 것도 아니었다. 그러나 이런 것들도 도무지 이상치 아니한 것이 그에게는 도무지 이상하였다.

이러한 가운데서도 그는 그의 눈과 유리창을 닦기를 게을리 하지 않았다.

'남의 것을 왜——거저 먹으려고 그러는 것일까?'

그는 '따개꾼'을 생각하여 보았다.

'남의 것을 거저——나는 남의 것을 거저 갖지 않았느냐——비록 그 사람은 죽어서 이 세상에 있지 않다 하더라도——그의 유서가——그것을 허락하였다 할지라도——그의 유산의 전부를 차지하여도 조금도 거리낌이 없을 만치 그와 나는 친한 사이였다 하더라도——나는 그의 하고많은 유산을 거저 차지하지 않았느냐. 남의 것을——그는 아무리 친한 사이라 하더라도 남이다——남의 것을 거저, 나는 그의 유산의 전부를——사회 사업에 반드시 바쳤어야 옳을 것을——남의 것이다——상속이 유언된 유산——거저——사회 사업——남의 것——' 그의 머리는 어지러웠다.

'고요한 따개꾼——체면 있는 따개꾼!'

그러나 그는 성에 슬은 유리창을 닦는 것과 같이 그의 주머니 속에 들어 있는 '돈'의 종잇조각——수형을 어루만져 보기를 때때로 하는 것도 잊어버리지는 않았다.

발끝에서 올라오는 추위와 피곤, 머리끝에서 내려오는 산란한 피곤,——그것은 복부에서 충돌되어서는 시장함으로 표시되었다. 한 조각의 마른 '빵'을 씹어 본 다음에 그는 물도 마시지 아니하였다. 오줌 누러 가는 것이 귀치않아서——

먹은 것이라고는 새벽녘에도 역시 마른 빵 한 조각밖에는 없다. 그때도 역시 물은 마시지 않았다.

그런데 그는 벌써 변소에를 몇 번이고 갔는지 모른다. 절름발이를 이끌고 사람 비비대는 차 안의 좁은 틈을 헤쳐 가며 지나다니기가 귀찮았다. 이것이 괴로웠다. 그리하여 이번에도 물을 마시지 아니한 것이다. 그러나 오줌은 수없이——그는 이것이 이 차 안의 특유인 미지근한 추위 때문이 아닌가? 이렇게도 생각해 보았다. 그는 변소에 들어가서는 반드시 한 번씩 그 수형을 꺼내어 자세히 검사하여 보는 것도 겸겸하였다.

'오냐——무슨 소리를 내가 듣더라도 다시 살자.'

왼편 다리가 차차 아파 올라왔다——결리는 것처럼——저리는 것처럼——기미 나쁘게——

'기후가 변하여서——풍토가 변하여서——'

사람의 배를 가르고 그 내장을 세척하는 것은 고사하고——사람의 썩는 다리를 절단하는 것은 고사하고——등에 난 조그만 부스럼에 '메스' 한 번을 대어 본 일이 없는 슬플 만치 풍부한 경험을 가진 훌륭한 의사인 그는 이러한 진단을 그의 아픈 다리에다 내려도 보았다. 그래 바지 아래를 걷어올리고 아픈 다리를 내어보았다. 바른편 다리와는 엄청나게 훌륭하게 뼈만 남게 마른 왼편 다리는 바닥에서 솟아 올라오는 '풍토 다른' 추위 때문인지 죽은 사람의 그것과 같이 푸르렀다. 거기에 몇 줄기 새파란 정맥줄이 반투명체가 내뵈듯이 내보이고 있었다. 털은 어느 사이에인지 다 빠져 하나도 없고 모공의 자국에는 파리똥 같은 검은 점이 위축된 피부 위에 일면으로 널려 있었다. 그는 그것을 '나의 것'이니 만치 가장 친한 기분으로 언제까지라도 들여다보며 깔깔한 그 면을 맛좋게 쓸어 다듬어 주고 있었다.

그 때에 건너편 자리에 앉아 있던 신사(?)는 가냘픈 한숨을 섞어 혀를 한번 '쩍' 하고 차더니 그 자리에서 일어서서 황황히 어디론지 가 버렸다.

"내리는 게로군——저 가방——여보시오, 저 가방."

그는 고개를 돌이키어 그 신사의 가는 쪽을 향하여 소리질렀다.

"여보시오, 저——가방을 가지고 내리시오——저."

또 한 번 소리쳐 보았으나 그 신사의 모양은 벌써 어느 곳으로 가 버렸는지 보이지 않았다. '그가 생각나서 찾으러 오도록 나는 저 가방을 지켜 주리라' 이런 생각을 그는 한턱 쓰는 세음으로 생각하였다.

"여보 인젠 그 다리 좀 내놓지 마시오"

"아——참, 저 가방——"

이렇게 불식간에 대답을 한 그는 아까 자리를 떠나 어디로 갔는지 없어졌던 그 신사가 어느 틈에인지 다시 그 자리에 와 앉아 있는 것을 그제야 겨우 보아 알았다. 신사는 또 서서히 입을 열어,

　"여보, 나는 인젠 몇 정거장 남지 않았으니 내가 내릴 때까지는 제발 그 다리 좀 내어놓지 좀 마오!"

　"네──하도 아프기에 어째 그런가 하고 좀 보았지요. 혹시 풍토가……."

　"풍토? 당신 다리는 풍토에 따라 아프기도 하고 안 아프기도 하고 그렇소?"

　"네──원래 이 왼편 다리는 다친 다리가 되어서 조금 일기가 변하기만 하여도 곧 아프기가 쉬운──신세는 볼일 다 본──그렇지만 이를 갈고──"

　"하하, 그러면 오──알았소──그 왼편──"

　"네──그 아플 적마다 고생이라니 어디 참──"

　"내 생각 같아서는 그건 내 생각이지만 그렇게 두고 고생할 것 없이 병신되기는 다──일반이니 아주 잘라 버리는 것이 좋을 것 같소. 저 내가 아는 사람도 하나 그 이야기는 할 것도 없소만──어쨌든 그것은 내 생각에는 그렇다는 말이니까 자르라고 당신보고──자르라고 그러는 말은 아니오만──하여간 그러다간 퍽 고생이 되겠는데──"

　"글쎄, 말씀이야 좋은 말씀이외다만 원 아무리 고생이 된다 하더라도 어떻게 제 다리를 자르는 것을 제 눈으로 뻔히 보고 있을 수가 있나요?"

　"그렇지만 밤낮 두고 고생하느니보다는 낫겠다는 말이지요. 그것을 뭐 어쩌다가 그렇게 몹시 다쳤단 말이오?"

　"그거요, 다 이루 말할 수 있나요? 이 다리는 화태에서 일할 적에 '토

로'에서 뛰어내리려다가 '토로'와 한데 뒹구는 바람에 이렇게 몹시
다친 거지요."

"화태?"

신사는 잠시 의아와 놀라는 얼굴빛을 보인 다음에 다시 말을 이어,

"어쩌다가 화태까지 가셨더란 말이오?"

"예서는 먹고 살 수가 없고 하니까 돈 벌러 떠난다는 것이 마지막 천
하에 땅 있는 데는 사람 사는 곳이고 안 사는 곳이고 안 가 본 데가
있나요? 이렇게 떠돌아다니는 게 올해 꼭! 가만 있자──열일곱 해,
아니 열다섯 핸가──어쨌든 십여 년이지요."

"돈만 많이 벌었으면 고만 아니오."

"그런데 어디 돈이 그렇게 벌리나요. 한 푼──참 없습니다. 벌기는
고만두고 굶기를 남 먹듯 했습니다. 어머님 집 떠난 지 일 년도 못 되
어 돌아가시고──"

"하──어머님이──어머님도 당신하고 같이 가셨습디까──처자는
그럼 다 있겠구려."

"웬걸요──처자는 집 떠나기 전에 다──죽었습니다. 어린것을 나
은 지──에 그게──어쨌든 에미가 먼저 죽으니까 죽을밖에요. 어
머님은 아우에게 맡기고 떠나려고 했지만 원래 우리 형제는 의가 좋
지 못한 데다가 아우도 처자가 다 있는 데다가 저처럼 이렇게 가난하
니 어디 맡으려고 그럽니까?"

"아우님은 단 한 분이오?"

"네──그게 그렇게 의가 좋지 못하답니다. 남이 보면 부끄러울 지경
이지요."

"그래, 시방 어떻게 해서 어디로 가는 모양이오?"

신사의 얼굴에는 연민의 빛이 보이었다.

"십여 년을 별짓을 다하고 돌아다니다가…… 참 그 동안에는 죽으려고 약까지 타 논 일도 몇 번인지 모르지요. 세상이 다 우스꽝스러워서 술 노름으로 세월을 보낸 일도 있고, 식당 '쿡' 노릇을 안해 보았나. 이래 보여도 양요리는 그래도 못 만드는 것 없이 능란하답니다. 일등 쿡이었으니까. 화태에도 오랫동안 있었지요. 그 때 저는 꼭 죽는 줄만 알았는데 그래도 명이 기니까 할 수 없나 보아요. 이렇게 절름발이가 되어 가면서도 여태껏 살고 있으니 그 때 그놈들(그는 누구라는 것도 없이 이렇게 평범히 불렀다)이 이 다리를 막 자르려고 덤비는 것을 죽어라 하고 못 자르게 했지요. 기를 쓰고 죽어도 그냥 죽지 내 살점을 떼내던지지는 않겠다고 이를 악물었더니 그놈들이 그래도 내 억지는 못 이기겠던지 그냥 내버려 두었에요. 덕택에 시방 이 모양으로 절름발이 신세를——네——가기는 제가 갈 데가 있겠습니까? 아우의 집으로 가야지요. 의가 좋으니 나쁘니 해도 한배의 동생이요, 또 십여 년 만에 고향에 돌아오는 몸이니 반가워하지는 못할지라도 그리 싫어하지는 않을 것 같습니다. 고향이요? 고향은 서울, 아주 서울 태생이올시다. 서울에는 아우하고 또 극진히 친한 친구 한 사람이 있습니다. 그저 그 사람들을 믿고 시방 이렇게 가는 길이올시다. 그렇지만 내 이를 악물고라도."

"그럼, 그저 고향이 그리워서 오는 모양이로구려."

"네——그렇다면 그렇지요. 그런데 하기는……."

그는 별안간에 말을 멈추는 것같이 하였다.

"그럼, 아마 무슨 큰 수가 생겨서 오는 모양이로구려."

어디까지라도 신사의 말은 그의 급처를 찌르는 것이었다.

"수——에——수가 생겼다면——하기야 수라도——."

"아주 큰 수란 말이구려, 하……."

두 사람은 잠시 쓰디쓴 웃음을 웃어 보았다.

"다른 사람이 보면 하잘것없는 것일는지 몰라도 제게는 참 큰 수지요, 허고 보니."

"얘기를 좀 하구려. 그 무슨 그렇게 큰 순가."

"얘기를 해서 무엇하나요? 그저 그렇게만 아시지요 뭐——해도 상관은 없기는 하지만……."

"그 아마 당신께 좀 꺼리는 데가 있는 게로구려? 그렇다면 할 수 없겠소만 또 그렇다고 하더라도 내가 당신을 천 리나 만 리나 따라다닐 사람이 아니요, 또 내가 무슨 경찰서 형사나 그런 사람도 아니요, 이렇게 차 속에서 우연히 만났다가 헤어지고 말 사람인데 설사 일후에 또 만나는 수가 있다 하더라도 피차에 얼굴조차도 잊어버릴 것이니 누가 누군지 안단 말이오? 내가 또 무슨 당신의 성명을 아는 것도 아니고 상관없지 않겠소."

"아——그렇다면야——뭐 제가 이야기 안 한다는 까닭은 무슨 경찰에 꺼릴 무슨 사기 취재(?)나 했다 해서 그러는 것이 아닙니다. 이야기가 너무 장황해서 또 몇 정거장 안 가서 내리신다기에 이야기가 중간에 끊어지면 하는 사람이나 듣는 사람이나 피차 재미도 없을 것 같고 그래서——"

"그렇게 되면 내 이야기 끝나는 정거장까지 더 가리다그려——이야기가 재미만 있다면 말이오——."

"네? 아니——몇 정거장을 더 가셔도 좋다니 그것이 어떻게 하시는 말씀인지 저는 도무지——."

두 사람은 또 잠깐 웃었다. 그러나 그는 놀랐다.

"내 여행은 그렇게 아무렇게나 해도 상관없는 여행이란 말이오——"

"그렇지만 돈을 더 내셔야 안 되나요."

"돈? 하──그래서 그렇게 놀랜 모양이로구려! 그건 조금도 염려할 것 없소. 나는 철도국에 다니는 사람인 고로 차는 돈 한 푼 아니 내고라도 얼마든지 거저 탈 수 있는 사람이니까. 나는 지금 볼일로 ××까지 가는 길인데 서울에도 볼일이 있고 해서 어디를 먼저 갈까 하고 망설거리던 차에 미안한 말이지요만 아까 당신의 그 다리를 보고 그만 ××일을 먼저 보기로 한 것이오. 그렇지만 또 당신의 이야기가 아주 썩 재미가 있어서 중간에서 그냥 내리기가 아깝다면 서울까지 가면서 다 듣고 서울 일도 보고 하는 것이 좋을 듯도 하고 해서 하는 말이오."

"네──나는 또 철도국 차를 거저, 그것 참 좋습니다. 차를 얼마든지 거저──."

이 '거저' 소리가 그의 머리에 거머리 모양으로 묘하게 착 달라붙어서는 떨어지지 아니하였다. 그는 잠깐 동안 혼자 애쓰지 아니하면 안 되었다. 억지로 태연한 차림을 꾸미며 그는 얼른 입을 열었다. 그러나 그 말마디는 묘하게 굴곡이 심하였다. 그는 유리창이 어느 틈에 밖에 조금도 내어다보이지 않을 만치 슬은 성에를 닦기도 하여 보았다.

"말하자면 횡재 에──횡재──무엇 횡재될 것도 없지만 또 횡재라면 그야 삼 년 전에 다시 돌아왔습니다. 게서 친구 한 사람을 사귀었는데 그는 별 사람이 아니라 제가 묵고 있던 집 주인입니다. 그 사람은 저보다도 더 아무도 없는 아주 고독한 사람인데 그 여관 외에 또 집도 여러 채를 가지고 있었는데 있는 동안에 그 사람과 나는 각별히 친한 사이가 되어 그 여관을 우리 둘이서 경영하여 나가게 되었습니다. 그런데 그 사람이 얼마 전에 고만 죽었습니다. 믿던 친구가 죽었으니 비록 남이었건만 어떻게 설운지 아마 어머님 돌아가실 때만큼이나 울었습니다. 남다른 정분을 생각하고는 장사도 제 손으로 잘 지내 주었지요. 그런데 인제 그렇거든요——자——그가 떠——ㄱ 죽고 보니까 그의 가졌던 재산——무엇 재산이라고까지는 할 것은 없을는지는 몰라도 하여간 제게는 게서 더 큰 재산을 여태——그렇게 말할 것까지는 없을지 몰라도 어쨌든 상당히 큰돈(?)이니까요——그게 어디로 가겠느냐 이렇게 될 것이 아니냐 그런 말이거든요——"

"그러니까 그것을 당신이——슬쩍 이렇게 했다는 말인 것이요그려 하…… 딴은…… 참…… 횡재는."

"아——천만에 제 생각에는 그것을 죄다 사회 사업에 기부할 생각이었지요 물론——"

"그런데 안 했다는 말이지——"

"그런데 그가 죽기 전에 벌써 그가 저 죽을 날이 가까워 오는 것을 알고 그랬던지 다 저에게다 상속하도록 수속을 하여 놓고는 유서에다가는 떠——ㄱ 무엇이라고 써 놓았는고 하니."

"사회 사업에 기부하라고 써——"

"아——그게 아니거든요. 이것을 그대의 마음 같아서는 반드시 사회 사업에 기부할 줄 믿는다. 그러나 죽는 사람의 소원이니 아무쪼록 그대로 가지고 고향으로 돌아가서 친척 친구와 함께 노후의 편안한 날을 맞고 보내도록 하라. 만일 그렇지 아니하고 내 말을 어기는 때에는 나의 영혼은 명도에서도 그대의 몸을 우려하여 안정할 날이 없을 것이라고."

"하——대단히 편리한 유서로군! 당신 그 창작 ……."

신사는 말을 멈추었다. 그러나 그의 얼굴은 어디까지든지 냉소와 조롱의 빛으로 차 있었다.

"그래서 그의 죽은 혼령도 위로할 겸 저도 좀 인제는 편안한 날을 좀 보내 보기도 할 겸해서 이렇게 돌아오는 것이오——."

"하——그럴듯하거든. 그래 대체 그 돈은 얼마나 되며 무엇에다 쓸 모양이오?"

"얼마요, 많대야 실상 얼마 되지는 않습니다. 제게는——무얼 하겠느냐——먹고 살고 하는 데 쓰지요."

"아, 그래 그저 그 돈에서 자꾸 긁어다 먹기만 할 모양이란 말이오? 사회 사업에 기부하겠다는 사람의 사람은 딴 사람인 모양이로군!"

"그저 자꾸 긁어다 먹기만이야 하겠습니까? 설마 하기는 시방 계획은 크답니다."

"한 번 다부지게 먹어 보겠다는 말이로구려."

"제게 한 친구가 의사지요. 그 전에는 그 사람도 남부럽지 않게 상당히 살았건만 그 부친 되는 이가 미두(미곡의 시세를 이용하여 거래하는 투기 행위의 일종)라나요, 그런 것을 해서 우리 친구 병원까지 들어먹었지요. 그래 시방은 어떤 관립 병원에 촉탁의로 월급 생활을 하고 있다고 그렇게 몇해 전부터 편지거든요. 그래서 친구 좋은 일도 할 겸 또 세상에 나처럼 아픈 사람 병든 사람을 위하여 사회 사업도 할 겸——가서 그 친구와 같이 병원을 하나 내일까 하는 생각인데요. 크기야 생각만은——"

"당신은 집이나 지키려오?"

"왜요, 저도 의사랍니다. 친구의 그 소식을 들었대서 그런 것은 아니지만 내 몸이 병신이니까 그런지 세상에 하고많은 불쌍한 사람 중에도 병든 사람 앓는 사람처럼 불쌍한 이는 없는 것 같아서 저도 의학을 좀 배워 두었지요."

신사는 가벼운 미소를 얼굴에 띠면서 '의학'을 배운 사람치고는 너무도 무식하고 유치하고 저급인 그의 말에 놀랐다는 듯이 '쩍' '쩍' 혀를 몇 번 찼다.

"그래, 당신이 '의학'을 안단 말이오?"

"네——안다고까지야——그저 좀 뜅겼지요——가갸거겨——왜 그러십니까——어디 편치 않으신 데가 있다면 제가 시방이라도 보아 드리겠습니다. 있습니까——있으면——."

두 사람은 크게 소리치며 웃었다. 차창 밖은 어느 사이에 날이 저물어 흐린 하늘에 가뜩이나 음울한 기분이 떠돌았다.

차 안에는 전등까지도 켜졌다. 그러나 그들은 그것도 깨닫지 못하였었다. 그는 밖을 좀 내다보려고 유리창의 성에를 또 닦았다. 닦기운 부분에는 밖으로 수없는 물방울이 마치 말 못할 설움에 소리없이 우는 사람의 뺨에 묻은 몇 방울 눈물처럼 여기저기에 붙어 있었다. 그것들은 차의 움직임으로 일순 후에는 곧 자취도 없이 떨어지고 그러면 또 새로운 물방울이 또 어느 사이엔지 와 붙고 하여 그 물방울은 늘 거의 같은 수효로 널려 있었다.

"눈이 오시는 게로군."

두 사람은 이야기를 멈추고 고개를 모아 창 밖을 내다보았다. 눈은 '너는 서울 가니? 나는 부산 간다' 하는 듯이 옆으로만 옆으로만 빠르게 지나가고 있었다. 이야기에 팔리어 얼마 동안은 잊었던 왼편 다리는 여전히 아까보다도 더하게 아프고 쑤시었다 저렸다. 그는 그 다리를 옷바깥으로 내려 쓰다듬으며 순식간에 '시——ㅅ' 소리를 내이며 입에 군침을 한 모금이나 꿀떡 삼켰다. 그 침은 몹시도 끈적끈적한 것으로 마치 '콘덴스트 밀크'나 엿을 삼키는 기분이었다. 신사는 양미간에 조그만 내 천자를 그린 채 그 모양을 한참이나 내려다보고 앉았더니 별안간 쾌활한 어조로 바꾸어 입을 열었다.

"의사가 다리를 앓는 것은 희괴한 일이로군!"

"제 똥 구린 줄 모른다고!"

두 사람은 이전보다도 더 크게 소리쳐 웃었다. 그 웃음은 추위에 원기를 지질리운 차 안의 승객들의 멍멍한 귀에 벽력 같은 파동을 주었음인지 그들은 이 웃음소리의 발원지를 향하여 일제히 고개를 돌렸다. 두 사람은 이 모든 시선의 화살에 살이 간지러웠다. 그리하여 고개를 다시 창쪽을 향하여 보았다가 다시 또 숙여도 보았다.

얼마 만에 그가 고개를 돌렸을 때 통로 건너편에 그를 향하여 앉아 있는 젊은 여자 하나가 수건으로 얼굴을 가린 채 고개를 푹 수그리고 있는 것을 그는 발견할 수 있었다.

'우나!――무슨 말 못할 사정이 있는 게지――누구와 생이별이라도 한 게지!'

그는 이런 유치한 생각도 하여 보았다.

"그러면 그 돈을 시방 당신의 몸에 지니고 있겠구려, 그렇지 않으면!"

신사의 이 말소리에 그는 졸도할 듯이 '나'로 돌아왔다. 그 순간에 그의 머리에는 전광 같은 그 무엇이 떠도는 것이 있었다.

"아니오. 벌써 아우 친구에게 보냈세요. 그런 것을 이렇게 몸에다 지니고 다닐 수가 있나요?"

하며 그는 그 수형이 들은 옷 포켓의 것을 손바닥으로 가만히 어루만져 보았다. 한 장의 종이를 싸고 또 싸고 몇 겹이나 쌌던지 그의 손바닥에는 풍부한 질량의 쾌감이 느껴졌다. 그의 입 안에는 만족과 안심의 미소가 맴돌았다.

차 안은 제법 어두워졌다(그것은 더욱이 창 밖이었을는지도 모르나 지금에 그의 세계는 이 차 안이었으므로이다). 생각없이 그는 아까 그가 바라보던 젊은 여자의 앉아 있는 곳으로 머리를 돌려 보았다. 그 때에 여자는 들었던 얼굴을 놀란 듯이 얼른 숙이고는 수건으로 가려 버리었다. 더욱 놀란 것은 그였다.

'흥——원 도무지 별일이로군!'

그는 군입을 다셔 보았다. 창 밖에는 희미한 가운데에도 수없는 전등이 우는 눈으로 보는 별들과도 같이 이지러져 번쩍이고 있었다.

"서울이 아마 가까운 게로군요."

"가까운게 아니라 예가 서울이오."

그는 이 빈약한 창 밖 풍경에 놀랐다.

"서울! 서울! 기어코——어디 내 이를 갈고——"

그는 이 '이를 갈고' 소리를 벌써 몇 번이나 하였는지 모른다. 그러나 자기도 또 듣는 사람도 그것이 무슨 뜻인지 어찌 하겠다는 소리인지 깨달을 수 없었다. 차 안은 이제 극도로 식어온 것이었다. 그는 별안간 '시베리아' 철도를 타면 안이 어떠할까 하는 밑도 끝도 없는 생각을 하여 보기도 하였다.

사람들은 모두 부시럭부시럭 일어났다. 그도 얼른 변소에를 안전하도록 다녀온 다음 신사의 조력을 얻어 '다나' 위의 가방을 내렸다. 그리고 그것을 바른 손아귀에 꽉 쥐고서 내릴 준비를 하였다. 차는 벌써 역 구내에 들어왔는지 무수한 검고 무거운 화물차 사이를 서서히 걷고 있는 것이었다.

차는 '치——ㄱ' 소리를 지르며 졸도할 만치 큰 기적 소리를 한 번 울리고는 '승강장'에 닿았다. 소란한 천지는 시작되었다.

그는 잊어버리지 아니하고 그 여자의 있던 곳을 또 한 번 돌아다보았다. 그러나 그 때에는 그 여자는 반대편 문으로 나갔기 때문에 그는 여자의 등과 머리 뒷모양밖에는 볼 수 없었다.

'에——그러나 도무지——이렇게 기억 안 되는 얼굴은 처음 보겠어. 불완전 불완전!'

그는 밀려 나가며 이런 생각도 하여 보았다. 그 여자의 잠깐 본 얼굴을 아무리 다시 그의 머릿속에 나타내어 보려 하였으나 종시 정돈되지 아니한 채 희미하게 맴돌고 있을 뿐이었다. 아픈 다리, 차 안의 추위에 몹시 식은 다리를 이끌고 사람 틈에 그럭저럭 밀려 나가는 그의 머리는 이러한 쓸데없는 초조로 불끈 화가 나서 어지러운 것이었다.

승강대를 내릴 때에 그는 그 신사 손목을 한 번 잡아 보았다. 아픈 다리를 가지고 내리는데 신사의 힘을 빈다는 것처럼. 그러나 그것은 그가 무엇인지 유혹하여지는 것이 있었기 때문이었다. 쥐고 보았으나 그는 할 아무 말도 생각나지 아니하였다. 그는 잠깐 머뭇머뭇하였다.

"저 오늘이 며칠입니까?"

"십이월 십이일."

"십이월 십이일! 네, 십이월 십이일!"

신사의 손목을 쥐인 채 그는 이렇게 중얼거려 보았다. 순식간에 신사의 모양은 잡다한 사람 속으로 사라졌다.

그는 찾고 또 찾았다. 그러나 누구인지 알지 못할 사람이 그의 손목을 달려 잡았을 때까지 그는 아무도 찾지는 못하였다. 희미한 전등 밑에 우쭐대는 사람들의 얼굴은 한결같이 다 똑같은 것만 같았다. 그는 그의 손목을 잡는 사람의 얼굴을 거의 저절로 내려다보았다. 그러나——눈——코——입——.

'하, 두 개의 눈——한 개씩의 코와 입!'

소리 안 나는 웃음을 혼자 웃었다. 눈을 뜬 채!

"X군! 나를 못 알아보나, X군!"

한참 동안이나 두사람의 시선은 그대로 늘어붙은 채 마구 매어달려 있었다.

"M군! 아! 하! 이거 얼마 만이십니까——얼마——에 얼마 만인가——."

그의 눈에는 그대로 눈물이 괴었다.

"M군! 분명히 M군이시지요! 그렇지?"

침묵…… 이 부득이한 침묵이 두 사람 사이를 아니 찾아올 수 없었다.——입을 꽉 다문 채 그는 눈물에 흐린 눈으로 M군의 옷으로 신발로 또 옷으로 이렇게 보기를 오르내리켰다. 그의 머리(?)에 가까운 곳에는(?) 이상한 생각(같은 것)이 떠올랐다.

"M군——그 M군은 나의 친구였다. 분명히 역시."

M군보다 키는 차라리 그가 더 컸다. 그러나 그가 군을 바라보는 것은 분명히 '쳐다보는 것'이었다. 그의 이 모순된 눈에서는 눈물이 그대로 쏟아지기만 하였다——어느 때까지라도——.

군중의 잡다한 소음은 하나도 그의 귀에 느껴지지 않았던 것은 물론이다——그리고 그뿐만 아니라 그의 눈이 초점을 잃어버렸던 것도,

'차라리 아까 그 신사나 따라갈 것을.'

전광 같은 생각이 떠올랐다. 그 때는 그의 귀가 '형님' 소리를 몇 번이나 '들었던 기억'까지 쫓아 버렸다.

'차라리——아——.'

'이 사람들이 나를 기다렸던가——아——.'

모든 것은 다 간다. 가는 것은 어언간 간 것이다. 그에게 있어서도 모든 것은 벌써 다 간 것이었다.

다만——그리고는 오지 아니하면 아니 될 것이 그 뒤를 이어서 '가기 위하여' 줄대어 오고 있을 뿐이었다.

'아——갔구나——간 것은 없는 것만도 못한 '없는 것'이다——모—든…….'

그는 M군과 T씨와 그리고 T씨의 아들 '업'—이 세 사람의 손목을 번갈아 한 번씩 쥐어 보았다. 어느 것이나 다 뻣뻣하고 핏기 없이 마른

것이었다.

'아우야——T——조카 업——네가 업이지——.'

그들도 그의 눈물을 보았다. 그리고 어두운 낯빛에 아무 말들도 없었다. 간단한 해석을 내리운 것이었다.

"바깥에는 눈이 오지?"

"떨어지면 녹고——떨어지면 녹고 그러니까 뭐."

떨어지면 녹고——그에게는 오직 눈만이 그런 것도 아닐 것 같았다——그리고 비유할 곳 없는 자기의 몸을 생각하여도 보았다.

네 사람은 걷기를 시작하였다. 어느 틈엔지 그는 업의 손목을 꽉 잡고 있었다.

'네 얼굴이 그렇게 잘생긴 것은——최상의 행복이요 동시에 최하의 불행이다.'

그는 업의 붉게 익은 두 뺨부터 코 밑의 인중을 한참이나 훔쳐보았다. 그 곳은 그를 만든 신이 마지막 새끼손가락을 떼인 자리인 것만 같았다.

도영되는 가로등과 '헤드 라이트'는 눈물에 젖은 그의 눈 속에 이중적으로 재현되어 있는 것 같았다.

T씨의 집에서 이것저것 맛있는 음식을 시켜다 먹었다. 그 자리에 M군도 있었던 것은 물론이다. 자리는 어리석기 쉬웠다. 그래 그는 입을 열었다.

"오래간만에 오고 보니——그것도 그래——만나고 보면 할 말도 없거든——사람이란 도무지 이상한 것이거든——얼싸안고 한——두어 시간 뒹굴 것 같지——하기야——그렇지만——떡——당하고 보면 그저 한량없이 반갑다 뿐이지——또 별 무슨——."

자기 말이 자기 눈에 띄울 때처럼 싱거운 때는 없다.

그는 이렇게 늘어놓는 동안에 '자기 말이 자기 눈에 띄었――'다. 자리는 또 어리석어 갔다.

"이 세상에 벙어리나 귀머거리처럼――어쨌든 그런 병신이 차라리 나을 것이야――"

이런 말을 하고 나서 보니 너무 지나친 말인 것도 같았던 것이 눈에 띄었다. 그는 멈칫했다.

"X군――말 끝에 말이지――그래도 눈먼 장님은 아니니까 자네 편지는 자세 보아서 아네. 자네도 인제 고생 끝에 낙이나 누리―고. 하기는 우리 같은 사람도 자네 덕을 입지 않나! 하……."

M군의 이 말 끝에 웃음은 너무나 기교적이었다. 차라리 웃을 만하였다.

'웃을 만한 희극!'

그는 누구의 이런 말을 생각하여 보았다. 그리고는 M군의 이 웃음이 정히 그것에 해당치 않는 것인가도 생각하여 보았다. 그리고 속으로 웃었다.

"형님, 언제나 심평이 필까 필까 했더니…… 인제는 나도 기지개 좀 펴겠소――허……."

이렇게도 모든 '웃을 만한 희극'은 자꾸만 일어났다.

"하……! 하……."

그는 나가는 데 맡겨서 그대로 막 웃어 버렸다. 눈감고 칼쌈하는 세 사람처럼 관계도 없는 세 가지 웃음이 서로 어우러져서 스치고 부딪고 맞닥치는 꼴은 '웃을 만한' 희극 중에서도 진기한 광경이었다.

열한 시쯤 하여 M군은 돌아갔다. 그리고 나서 그는 곧 자리에 쓰러졌다. 곧 깊은 꿈 속으로 떨어진 그는 여러 날 만에 극도로 피곤한 그의 몸을 처음으로 편안히 쉬게 하였다.

얼마를 잤는지(그것은 하여간 그에게는 며칠 동안만 같았다) 귀가 간지러움을 견디다 못하여 억지로 깨었다. 깨이고 난 그는 그의 귀가 그렇게 간지러웠던 까닭이 무엇이었던가를 찾아보았으나 어두컴컴한 방안에는 아무것도 집어내일 것이 없었다.

'꿈을 꾸었나——그럼——.'

꿈이었던가 아니었던가를 생각하여 보는 동안에 그의 의식은 일순간에 명료하여졌다. 따라서 그의 귀도 그것이 무엇인가를 구분해 내일 만치 정확히 간지러움을 가만히 느끼고 있었다.

'시계 소리——밤 소리(그런 것이 있다면)——그리고——그리고'

분명히 퉁소 소리다.

'이럴 내가 아니다.'

그러나 그의 마음은 알 수 없이 감상적으로 변하여 갔다. 무엇이 이렇게 만들까를 생각하여 보았으나 알 수 없었다. 얼마 동안이나 어둠침침한 공간 속에서 초점 잃은 두 눈을 유희시키다가 별안간 그는 '퉁소의 크기는 얼마나 될까'를 생각해 보았다. 그의 생각에는 그 퉁소의 크기는 그가 짚고 다니는 '스틱' 길이만은 할 것 같았다. 그렇지 아니하면 저런 굵은 옅은 소리가 날 수가 없을 것 같았다. 이런 생각을 하여 보고 나서 그는 혼자 웃었다.

'아까 그 신사나 따라갈 것을! 차라리!'

어찌하여 이런 생각이 들까, 그는 몇 번이나 생각하여 보았다. M군과 T는 나를 얼마나 반가워하여 주었느냐——나는 눈물을 흘리기까지 아니하였느냐——업의 손목을 잡지 아니하였느냐——M군과 T는 나에게 얼마나 큰 기대를 가지고 있지 아니하냐——나는——그들을 믿고——오직——이 곳에 돌아온 것이 아니냐——.

'아——확실히 그들은 나를 반가워하고 있음에 틀림은 없을까? 나는 지금 어디로 들어가느냐?'

그는 지금 그윽한 곳으로 통하여 있는——그 그윽한 곳에는 행복이 있을지 불행이 있을지는 모른다——층계를 한 단 한 단 디디며 올라가고 있는 것만 같았다.

그의 가슴은 알지 못할 것으로 꽉 차 있었다. 그것을 그가 의식할 때에 그는 그것이 무엇인가를 황황히 들여다본다. 그 때에 그는 이 때까지 무엇에인지 꽉 채워져 있는 것 같은 그의 가슴속은 아무것도 없이 텅 비인 것으로 그의 눈앞에 나타난다——.

'아무것도 없었구나——역시.'

그가 다시 고개를 들었을 때에는 비인 것으로만 알아졌던 그의 가슴속은 역시 무엇으로인지 차 있는 것이 다시 느껴지는 것이었다.

모든 것이 모순이다. 그러나 모순된 것이 이 세상에 있는 것만큼 모순이라는 것은 진리이다. 모순은 그것이 모순된 것이 아니다. 다만 모순된 모양으로 되어져 있는 진리의 한 형식이다.

'나는 그들을 반가워하여야만 한다——나는 그들을 믿어 오지 아니하였느냐? 그렇다, 확실히 나는 그들이 반가웠다——아——나는 그들을 믿어—야 한다——아니다. 나는 벌써 그들을 믿어 온 지 오래다——내가 참으로 그들을 반가워하였던가——그것도 아니다——반갑지 아니하면 아니될 이 경우에는 반가운 모양 외에 아무런 모양도 나에게——이 경우에——나타날 수는 없다——어쨌든 반가웠다——.'

시계는 가느다란 소리로 네 시를 쳤다. 다음은 다시 끔찍끔찍한 침묵 속에 잠기고 만다. T씨의 코고는 소리와 업의 가냘픈 숨소리가 들려 올 뿐이다. 그의 귀를 간질이던 퉁소 소리도 어느 사이에인지 없어졌다.

'혹시 내가 속지나 않은 것일까——사람은 모두 다 서로 속이려고 드는 것이니까. 그러나 설마 그들이——나는 그들에게 진심을 바치리라——.'

사람은 속이려 한다. 서로서로——그러나 속이려는 자기가 어언간 속고 있는 것을 깨닫지 못하는 것이다——속이는 것은 쉬운 일이다. 그러나 속는 것은 더 쉬운 일이다——그 점에 있어 속이는 것이란 어려운 것이다. 사람은 반성한다. 그 반성은 이러한 토대 위에 선 것이므로 그들은 그들이 속이는 것이고 속는 것이고 아무것도 반성치는 못한다.

이 때에 그도 확실히 반성하여 보는 것이었다. 그러나 그는 아무것도 반성할 수 없었다.

'나는 아무도 속이지 않는다. 그 대신에 아무도 나를 속일 사람은 없을 것이다——.'

그는 '반가워하지 아니하면 안된다——사랑하지 아니하면 안된다——믿지 아니하면 안된다' 등의 '……지 아니하면 안 되'는 의무를 늘 생각하고 있다. 그러나 이 '……지 아니하면 안 된다'라는 것이 도덕상에 있어 어떠한 좌표 위에 놓여 있는 것인가를 생각해 볼 수는 없었다.—— 따라서 이 그의 소위 '의무'라는 것이 참말 의미의 '죄악'과 얼마나한 거리에 떨어져 있는 것인가를 생각해 볼 수 없었던 것도 물론이다.

사람은 도덕의 근본성을 고구하기 전에 우선 자기의 일신을 관념 위에 세워 놓고 주위의 사물에 당한다. 그러므로 그들의 최후적 실망과 공허를 어느 때이고 반드시 가져온다. 그러나 그것이 왔을 때에 그가 모든 근본 착오를 깨닫는다 하여도 때는 그에게 있어 이미 너무 늦어지고야 말고 하는 것이다.

인류의 역사가 시작될 때부터 사람은 얼마나 오류를 반복하여 왔던가? 이 점에 있어서 인류의 정신적 진보는 실로 가엾을 만치 지지(몹시

더딤)한 것이라고 아니할 수 없다.

'주위를 나의 몸으로 사랑함으로써 나의 일생을 바치자……'

그는 이 '사랑'이라는 것을 아무 비판도 없이 실행을 '결정'하여 버리고 말았다.

'그러나 내가 아까 그 신사를 따라갔던들? 나는 속는지도 모른다. 그러나 반드시 속을 것을 보증할 사람이 누구냐——그 신사에게 나의 마음과 같은 참마음이 없다는 것을 보증할 사람은 또 누구냐……'

이러한 자기 반역도 그에게 있어서는 관념에 상쇄될 만큼도 없는 극히 소규모의 것이었다.——집을 떠나 천애를 떠다닌 지 십여 년. 그는 한 번도 이만큼이라도 깊이 생각해 본 적이 없었다. 그의 머리는 냉수에 담갔다 끄어낸 것같이 맑고 투명하였다. 모든 것은 이상하였다.

'밤이라는 것은 사람이 생각하여야만 할 시간으로 신이 사람에게 준 것이다.'

그는 새삼스러이 밤의 신비를 느꼈다.

'그 여자는 누구며 지금쯤은 어디 가서 무엇을 생각하고는 울고 있을까?'

그의 눈앞에는 그 인상 없는 여자의 얼굴이 희미하게 떠올랐다. 얼굴의 평범이라는 것은 특히(못생긴 편으로라도) 보다 얼마나 못한 것인가를 그는 그 여자의 경우에서 느꼈다.

'그 여자를 따라갔어도.'

이것은 그에게 탈선 같았다. 그리하여 그는 생각하기를 그쳤다. 그는 몸 괴로운 듯이(사실에) 한 번 자리 속에서 돌아누웠다. 방 안은 여전히 단조로이 시간만 삭이고 있다. 그 때 그의 눈은 건너편 벽에 걸린 조그마한 일력 위에 머물렀다.

'DECEMBER 12'

　이 숫자는 확실히 그의 일생에 있어서 기념하여도 좋을 만한(그 이상의) 것인 것 같았다.

　'무엇하러 내가 여기를 돌아왔나.'

　그러나 그 곳에는 벌써 그러한 '이유'를 캐어 보아야 할 아무 이유도 없었다. 그는 말 안 듣는 몸을 억지로 가만히 일으키었다. 그리하고는 손을 내밀어 일력의 '12' 쪽을 떼어 내었다.

　'벌써 간 지 오래다.'

　머리맡에 벗어 놓은 웃옷의 '포켓' 속에서 지갑을 꺼내어서는 그 일력 쪽을 집어넣었다——마치 그는 정신 잃은 사람이 무의식으로 하는 꼴로——천장을 향하여 눈을 꽉 감고 누웠다. 그의 혈관에는 인제 피가 한 방울씩 두 방울씩 돌기를 시작한 것 같았다. 완전히 편안한 상태였다.

주위는 침묵 속에서 단조로운 음악을 연주하고 있는 것 같았다.

'생명은 의자다.'

무의미한 자연 속에 오직 자기의 생명만이 넘치는 힘을 소유한 것 같은 것이 그에게는 퍽 기뻤다. 그 때에 퍽 가까운 곳에서 닭이 홰를 '탁탁' 몇 번 겹쳐 치더니 청신한 목소리로 이튿날의 첫 번 울음을 울었다. 그 소리가 그에게는 얼마나 생명의 기쁨과 의지의 힘을 표상하는 것 같았었는지 몰랐다. 그는 소리 안 나게 속으로 마음껏 웃었다——.

조금 후에는 아까 그 소리 난 곳보다도 더 가까운 곳에서 더 한층이나 우렁찬 목소리로의 '꼬끼오'가 들려 왔다. 그는 더없이 기뻤다. 어찌할 수도 없이 기뻤다. 그가 만일 춤출 수 있었다 하면 그는 반드시 일어나서 춤추었을 것이다. 그는 견딜 수 없었다.

"T——T——집에서 닭을 치나?"

"T——업아——집에서……."

그러나 아무 대답도 없었다. 다만 T씨의 코고는 소리와 업의 가냘픈 숨소리가 전과 조금도 다름없이 계속되고 있을 뿐이었다. 그 곳에는 다시 아무 일도 일어나지 아니한 때와 도로 마찬가지로 변하였다(사실에 아무 일이고 일어나지는 않았으나).

'승리! 승리!'

어언간 그는 또다시 괴로운 꿈 속으로 들어가 버렸다——해가 미닫이에 꽤 높았을 때까지——.

아무리 그는 찾아보았으나 나무도 없는 마른 풀밭에는 천 개나 만 개나 한 모양의 무덤들이 일면으로 널려 있기만 할 뿐이었다. 찾을 수 없으리라는 것을 나서기 전부터도 모르는 것은 아니었다. 그러나 그는 나섰다. 또 찾을 수가 있었대야 아무 소용도 없을 것이었으나 그러나 그의 마음 가운데에 무엇이나 영감이 있을 것만 같았다.

'반가이 맞아 주겠지! 적어도 반갑기는 하겠지!'

지팡이를 쥐인 손——손등은 바람에 터져 새빨간 피가 흘렀으나 손바닥에는 축축히 식은땀이 배었다. 수건을 꺼내어 손바닥을 닦을 때마다 하염없는 눈물에 젖은 눈가와 뺨을 씻는 것도 잊지는 않았다. 눈물은 뺨에 흘러서 그대로 찬바람에 어는지 싸늘하였다——두 줄기만이 더욱이나.

'왜 눈물이 흐를까——무엇이 서러울까?'

그에게는 다만 찬바람 때문인 것만 같았다. 바람이 소리지르며 불 때마다 그의 눈은 더 한층이나 젖었다. 키 작은 잔디의 벌판은 소리 날 것도 없이 다만 바람과 바람이 서로 이어드는 칼날 같은 비명이 있을 뿐이었다.

해가 훨씬 높았을 때까지 그대로 헤매었다. 손바닥의 땀과 눈의 눈물을 한 번씩 더 씻어 내인 다음 그는 아무 데이고 그럴 법한 자리에 가 앉았다.

그 곳에도 한 개의 큰 무덤과 그 옆에 작은 무덤이 어깨를 마주 대인 것처럼 놓여 있었다. 그는 한참 동안이나 물끄러미 그것을 내려다보았다.

'세상에 또 나와 같이 젊은 아내와 어린 자식을 한꺼번에 갖다 파 묻은 사람이 또 있는가 보다.'

그는 그러한 남과 이러한 자기를 비교하여 보았다.

'그러한 사람도 있다면 그 사람도 지금은 나같이 세상을 떠돌아다닐 터이지. 그리고 또 지금쯤은 벌써 그 사람도 죽어 세상에서 없어져 버렸는지도 모르지.'

그는 자기가 지금 무엇하러 이 곳에 와 있는지 몰랐다. 반가워하여 주는 사람이 없는 것은 그래도 고사하고라도 그에게 반가운 것의 아무 것을 찾을 수도 없었다. 이렇게 마른 풀밭에 앉아 있는 그의 모양이 그의 눈으로도 '남이 보이듯이' 보이는 것 같았다

'가자——가——이 곳에 오래 있을 필요는 없다——아니 처음부터 올 필요도 없다——사람은 살아야만 한다——그러다가 어느 날이고 는 반드시 죽고야 말 것이다——그러나 사람은 어디까지라도 살아야만 할 것이다. 죽는 것은 사람의 사는 것을 없이하는 것이므로 사람에게는 중대한 일이겠다——죽는 것——죽는 것——과연 죽는 것이란 사람이 사는 가운데에는 가장 두려운 것이다——그러나——죽는 것은 사는 것의 크나큰 부분이겠으나 그러나 죽는 것은 벌써 사는 것과는 아무 관계도 없는 것이다. 사람은 죽는 것에 철저하여야 할 것이다. 그러나 죽는 것에는 벌써 눈이라도 주어 볼 아무 값도 없어지

는 것이다. 죽는 것에 대한 미적지근한 미련은 깨끗이 버리자——그리하여 죽는 것에 철저하도록 힘차게 살아 볼 것이다——.'

인생은 결코 실험이 아니다. 실행이다.

사람은 놀랄 만한 긴장 속에서 일각의 여유조차도 가지지 아니하였다.

'보아라 이 언덕에 널려 있는 수도 없는 무덤들을. 그들이 대체 무엇이냐? 그것들은 모든 점에 있어서 무 이하의 것이다.'

해는 비최일 땅을 가졌으므로 행복이다. 그러나 땅은 해의 비최임을 받는 것만으로는 행복되지 않다. 그 곳에 무엇이 있을까?

'보아라. 해의 비최임을 받고 있는 저 무덤들은 무엇이 행복되랴——해는 무엇이 행복되며!'

그것은 현상이 아니다. 존재도 아니다. 의의 없는 모양(?)이다(만일 이러한 말이 통할 수 있다면).

'생성하고 자라나고 살고——아——그리하여 해도 땅도 비로소 행복된 것이 아니랴!'

그의 머리 위를 비스듬히 비최이고 있는 그가 사십 년 동안을 낯익혀 보아 오던 그 해가 오늘에 있어서는 유달리도 숭엄하여 보였고 영광에 빛나는 것만 같았다. 더욱이나 따뜻한 것만 같았고 더욱이나 밝은 것만 같았다.

십여 년 전에 M군과 함께 어린것을 파묻고 힘없는 몸이 다시 집을 향하여 걷던 이 좁고 더러운 길과 그리고 길가의 집들은 오늘 역시 조금도 변한 곳은 없었다.

'사람이란 꽤 우스운 것이야.'

그는 의식 없이 발길을 아무 데로나 죽은 것들을 피하여 옮기었다. 어디를 어느 곳으로 헤매었는지 그가 이 촌락(?)을 들어설 수가 있었을 때에는 세상은 벌써 어둠컴컴한 암흑 속에 잠긴 지 오래였다.

집에는 피곤한 사람들의 코고는 무거운 소리가 흐릿한 등광과 함께 찢어진 들창으로 새어나왔다. 바람은 더 한층이나 불고 그대로 찼다. 다 쓰러져 가는 집들이 작은 키로 늘어선 것은 그 곳이 빈민굴인 것을 말하는 것이었다. 그러나 그에게는 그래도 이 곳이 얼마나 '사람 사는 것' 같고 따스해 보이는지 몰랐다.

그는 도무지 그들의 마음을 짐작할 수가 없었다. 어느 때에는 그에게 무한히 호의를 보여 주는 것같이 하다가도 또 어느 때에는 쓸쓸하기 짝이 없었다. 그는 도무지 갈피를 잡을 수조차도 없었다. 일로 보아 하여간 그들이 그에게 무엇이나 불평이 있는 것만은 분명하였다. 어느 날 밤에 그는 그들을 모두 불렀다. 이야기라도 같이 하여 보자는 뜻으로,

"T! 의가 좋으니 나쁘니 하여도 지금 우리에게 누가 있나. 다만 우리 두 형제가 있지 않나——아주머니(T씨의 아내를 그는 이렇게 불렀다), 그렇지 않소? 또 그리고 업아, 너도 그렇지 아니하냐? 우리 외에 설령 M군이 있다 하더라도——하기야 M군은 우리들 가족과 마찬가지로 친밀한 사이겠지만 그래도 M군은 '남'이 아닌가?"

그는 여기에 말을 뚝 끊고 한 번 그들의 얼굴을 번갈아 들여다보았다. 그들의 얼굴에는 기쁜 표정은 없었다. 그러나 적어도 근심스럽거나 어두운 표정은 아니었다. 그리고 그뿐만이 아니라 무엇이나 그들은 그에게 요구하고 있는 듯한 빛도 어렴풋이 볼 수가 있었다.

"자! 우리 일을 우리끼리 의논하지 아니하고 누구하고 의논하나—— 나에게는 벌써 먹은 바 생각이 있어! 그것은 내 말하겠으되——또 자네들께도 좋은 생각이 있으면 나에게 말하여 주었으면 좋겠어. 하여간 이 돈은 남의 것이 아닌가? 남의 것을 내가 억지로(?) 얻은 것

은──죽은 사람의 뜻을 어기듯 하여 가며 이렇게 내가 차지한 것은 우리들도 한 번 남부럽지 않게 잘 살아 보자는 생각에서 그런 것이 아닌가. 지금 이 돈에 내 것 남의 것이 있을 까닭이 없어. 내 것이라면 제각기 다 내 것이 될 수 있겠고 남의 것이라면 다 각기 누구에게나 남의 것이니까. 자! 내 눈에 띄지 못한 나에 대한 불평이 있다든지 또 어떻게 하였으면 좋겠다든가 하는 생각이 있다든지 하거든 우리 같이 서로 가르쳐 주며 의논하여 보는 것이 좋지 아니한가?"

그는 또 한 번 고개를 돌리어 가며 그들의 얼굴빛을 살펴보았다. 그러나 아무 변화도 찾아내일 수는 없었다.

"그러면 내가 생각하고 있다는 것을 이야기하여 보지! 내 생각 같아서는──이 돈을 반에 탁 갈라서 자네하고 나하고 반 분씩 노놔 갖는 것도 좋을 것 같으나 기실 얼마 되지도 않는 것을 또 반에 나누고 말면 더욱이나 적어지겠고 무슨 일을 해 볼 수도 없겠고 그럴 것 같아서! 생각다 생각 끝에 나는 이런 생각을 했어!"

그의 얼굴에는 무슨 이야기 못할 것을 이야기하는 것 같은 어려운 표정이 보였다.

"즉, 반분을 하고 고만두는 것보다도 그것을 그대로 가지고 같이 무슨 일이고 한번 하여 보자는 말이야. 그러는 데는 우리는 M군의 힘도 빌 수밖에는 없어. 또 우리 둘의 힘만으로는 된다 하더라도──생각하면 우리는 옛날부터 M군의 신세를 끔찍이 져 왔으니까. 지금은 거의 가족과 마찬가지로 친밀한 사이가 되어 있지 않은가──그러한 사람과 함께 협력해 보는 것도 좋지 아니할까 하는데──또 M군은 요사이 자네들도 아다시피 매우 곤궁한 속에서 지내고 있지 않은가 말이야──하면 여지껏 신세진 은혜도 갚아 보는 셈으로! M군은 의사이지. 하기는 나도 그 생각으로 그랬다는 것은 아니로되 어쨌든 의학 공부를 약간 해 둔 경력도 있고 하니——M군의 명의로 병원을 하나 내는 것이 어떠할까 하는 말이거든!——."

그는 이 말을 뚝 떨어뜨린 다음 입 안에 모인 굳은 침을 한 모금 꿀떡 삼켰다.

"그야 누구의 이름으로 하든지 상관이야 없겠지만——그래도 M군은 그 방면에 있어서는 상당히 연조도 있고 또 이름도 있지 않은가—— 즉 그것은 우리의 편리한 정을 취하는 방침상 그러는 것이고——무슨 그 사람이 반드시 전부의 주인이라는 것은 아니거든——그래서는 수입이 얼마가 되든지 삼분하여서 논키로!——어떤가? 의향이."

그들의 얼굴에는 여전히 아무 다른 표정도 찾아내일 수는 없었다. 꽉 다물어 있는 그들의 입을 아무리 들여다보아도 열릴 것 같지도 않았다.

"자——좋으면 좋겠다고, 또 더 좋은 방책이 있으면 그것을 말하여 주게! 불만인가——덜 좋은가?"

방 안은 고요하다. 밖에도 아무 소리도 나지 않았다. 버러지 소리의 한결같은 '리듬' 외에는 방 안은 언제까지라도 침묵이 계속하려고만 들었다.

그날 밤에 그는 밤이 거의 밝도록 잠들지 못하였다. 끝없는 생각의 줄이 뒤를 이어서 새어나오는 것이었다.

'모든 사람의 일들은 불행이다. 그러나 사람은 사람이 그렇게도 불행하므로 행복된 것이다.'

그에게는 불행의 최후의 쾌미가 알려진 것도 같았다.

'이대로 가자——이대로 가는 수밖에는 아무 도리도 없다. 이제부터는 내가 여지껏 찾아오던 '행복'이라는 것을 찾기도 고만두고 다만 '삶'을 값있게 만들기에만 힘쓰자. 행복이라는 것은 없다——있을 가능성이 없는 것이다——나는 이 있을 수 없는 것을 여지껏 찾았다.

나는 그릇 '겨냥' 대었다──그러므로 나는 확실히 '완전한 인간의 패배자'였다──때는 이미 늦은 것 같다. 그러나 또 생각하면 때라는 것이 있을 것 같지도 않다.──나는 다만 삶에 대한 굳은 의지를 가질 따름이어야만 한다──그 삶이라는 것이 싸움과 슬픔과 피로 투성이 된 것이라 할지라도──그 곳에는 불행도 없다.──다만 힘찬 '삶'의 의지가 그냥 그 힘을 내어 휘두르고 있을 따름이다.'

인간은 실로 인간 외에는 아무것도 아니었다. 그들은 얼마나 애를 썼나? 하늘도 쌓아 보고 지옥도 파 보았다. 그리고 신도 조각하여 보았다. 그러나 그들은 땅 이외에 그들의 발 하나를 세울 만한 곳을 찾아내지 못하였고 사람 이외에 그들의 반려도 찾아내일 수 없었다.──그들은 땅 위와 그리고 사람들의 얼굴을 번갈아 바라다보았다. 그리고는 결국 길게 한숨 쉬었다.

'벗도 갈 곳도 없다──이 괴로운 몸을 그래도 이 험악한 싸움터에서 질질 끌고 돌아다녀야 할 것인가──그밖에 도리가 없다면! 사람아, 힘 풀린 다리라도 최후의 힘을 주어 세워 보자. 서로서로 다 같이 또 다 각기 잘 싸우자! 이것이다. 그리고 이것이 있을 따름이고나──.'

그는 그의 몸이 한층이나 더 피곤한 듯이 자리 속에서 한 번 돌쳐 누웠다. 피곤함으로부터 오는 옅은 쾌감이 전신에 한꺼번에 스르르 기어 올라옴을 그는 느낄 수 있었다.

'하여간에 나는 우선 T의 집에서 떨어지자. 그것은 내가 T의 집에 머물러 있는 것이 피차에 고통을 가져온다는 이유로부터라느니보다도 그까짓 일로 마음을 귀찮게 굴어 진지한 인간 투쟁을 방해시킬 수는 없다.'

밤이 거의 밝게쯤 되어서야 겨우 그는 최후의 결정을 얻었다. 설령 그가 T씨의 집을 떠난다 하여도 그는 지금의 형편으로 도저히 혼자 살아갈 수는 없었다. 그리하여 그는 M군과 함께 있기로 결정하였다. 그리고 T씨가 좋아하든지 그의 방침대로 병원을 낸 다음 수입은 삼분할 것도 결정하였다.

지금 M군의 집은 전일의 대가를 대신하여 눈에 띄지도 아니할 만한 오막살이였다. 모든 것이 결정되는 대로 병원 가까이 좀 큰 집을 하나 산 다음 M군의 명의로 자기도 M군의 한 가족이 될 것도 결정하였다. 또 병원을 신축하기에 넉넉하다면 아주 그 건물 한 모퉁이에다 주택까지 겸할 수 있도록 하여 볼까도 생각하였다. 그러나 그것은 그에게는 될 것 같지도 않게 생각키웠다.

새해는 왔다. 그의 생활도 한층 새로운 활기를 띠어 오는 것 같았다. 즐겁지도 슬프지도 않은 새해였으나 그에게는 다시 몹시 의미 깊은 새해였던 것만은 사실이었다.

생물들은 다 즐거웠다. 적어도 즐거운 것같이 보였다. 그가 봄을 만났을 때 봄을 보았을 때에 죽을 힘을 다 기울여 가며 긍정하였던 '생'이라는 것에 대한 새로운 회의와 그에 좇는 실망이 그를 찾았다. 진행하며 있는 온갖 물상 가운데에서 그 하나만이 뒤에 떨어져 남아 있는 것만 같았다. '벌써 도태되었을' 그를 생각하고 법칙이라는 것의 때로의 기발한 예외를 자신에서 느꼈다. 그러나 그에게는 아직도 여력이 있었다. 긍정에서 부정에 항거하는 투쟁——최후의 피투성이의 일전이 남아 있었다. 그것은 '용납되지 않는 애(사랑)' '눈 먼 애'——그것을 조건 없이 세상에 헌상하는 그것이었다.

인간 낙선자의 힘은 오히려 클 때도 있다. 봄을 보았을 때, 지상에 엉기는 생을 보았을 때, 증대되는 자아 이외의 열락을 보았을 때, 찾아 오는 자살적 절망에 충돌당하였을 때 그래도 그는 의연히 차라리 더 한층 생에 대한 살인적 집착과 살신성인적 애를 지불키 용감하였다. 봄을 아니 볼 수 없이 볼 수밖에 없었을 때 그는 자신을 혜성이라 생각하여도 보았다. 그러나 그가 혜성이기에는 너무나 광채가 없었고 너무나 무능하였다. 다신 한 번 자신을 일 평범 이하의 인간에 내려뜨려 보았을 때 그가 그렇기에는 너무나 열락과 안정이 없었다. 이 중간적(실로 아무것도 아닌) 불만은 더욱이나 그를 광란에 가깝게 심술내이도록 하는 것이었다.

T씨에 관한 그의 근심은 그가 그의 생에 대한 신조의 안으로 깊이 들어가면 들어갈수록 커 가기만 하는 것이었다. 그 원인이 어느 것에 있든지 하여간 그가 T씨의 집을 나온 것은 한낱 도의적으로만 생각할 때에는 한 '잘못'이라고도 할 수 있겠으나 그의 그러한 결정적 일이 동인에 있어서는 추호의 '잘못'도 섞이지 아니하였다는 것은 그가 변명할 수 있을 뿐만 아니라 나아가 역설할 수까지 있는 것이었다. 그의 인상이 몹시 나빠서 그랬던지 M군의 가족으로부터도 그는 환영받지 못하였을 뿐만 아니라 M군의 어린아이들까지도 딸치를 않았다. 그러나 그는 그 때문에 자신의 불복을 느끼거나 혹은 M군의 집을 떠날 생각이나 다시 T씨의 집으로 들어갈 생각 같은 것은 하지도 아니하였다. 그까짓 것들은 그에게 있어 별로 문제 안되는, 자기는 그 이상 더 크나큰 문제에 조우하여 있는 것으로만 여겼다. 밤이면 밤마다 자신의 실추된 인생을 명상하고 멀지 아니한 병원을 아침마다 또 저녁마다 오고가는 것이 어찌 그다지 단조할 것 같았으나 그에게 있어서는 실로 긴장 그것이었다. 언제나 저는 다리를 이끌고서 홀로 그 길과 그 길을 오르내리는 것은 부근 사람들에게 한 철학적 인상까지 주는 것 같았다. 그러나 누구 하

나 그에게 말 한 마디나 한 번의 주의를 베풀어 보려는 사람은 없었다.

그는 그러한 똑같은 모양으로 가끔 T씨의 집을 방문한다. 그것은 대개는 밤이었다. 그가 넉 달 동안 T씨의 문지방을 넘어 다녔으나 그가 T씨를 설복할 수는 없었다.

"오너라 같이 가자!"

"형님에게 신세 끼치고 싶지 않소."

그들의 회화는 일상에 이렇게 간단하였다. 그리고는 그 뒤에 반드시 길다란 침묵이 끝까지 낑기우고 말고는 하였다. 때로는 그가 눈물까지 흘려가며 T씨의 소매에 매달려 보았으나 T씨의 따뜻한 대답은 얻어들을 수는 없었다.

늦은 봄의 저녁은 어지러웠다. 인간과 온갖 물상과 그리고 그런 것들 사이에 낑기어 있는 공기까지도 느른한 난무를 하고 싶은 대로 하고 있는 것만 같았다. 잿빛 하늘은 달을 중심으로 하여 타기만만한(떨어지려는 기운이 가득한) 폭죽을 계속하여 방사하고 있으며 마비된 것 같은 별들은 조잡한 회화를 계속하고 있는 것 같았다. 온갖 것들은 한참 동안만의 광란에 지쳐서 고요하다. 그러나 대지는 넘치는 자기 열락을 이기지 못하여 몸을 비트는 것같이 저음의 아우성 소리를 그대로 단조로이 헤뜨리고만 있는 것도 같았다. 그 속에 지팡이를 의지하여 T씨의 집으로 걸어가는 그의 모양은 전연히 세계에 존재할 만한 것이 아닌 만치 타계에서 꾸어 온 괴존재와도 같았다. 물론 그 자신은 그런 것을 인식할 수 없었으나(또 없었어야 할 것이다. 만일 그가 그런 것을 인식할 수 있었던들 그가 첫째 그대로 살아 있을 수가 없는 것이니까) 때로 맹렬한 기세로 그의 가슴을 습격하는 치명적 적요는 반드시 그것을 상중한 것이거나 적어도 그런 것에 원인되는 것이었다. 보는 것과 듣는 것과 그리고 생각하는 것에 피곤한 그의 이마 위에는 그의 마음과 살을 한데 쥐어짜내어 놓은 것과도 같은 무색 투명의 땀이 몇 방울인가 엉기었었다. 그는 보기 싫게 절며 움직이는 다리를 잠시 동안 멈추고 그 땀을 씻어 가면서 '후──' 한숨을 쉬었다.

'아──인생은 극도로 피로하였다.'

T씨의 문지방을 그는 그날 밤에 또한 넘어섰다. 그리고는 세상의 모든 것을 다──사양하는 듯한 얕은 목소리로,

'업이야──업이야'를 불렀다.

T씨는 아직 일터에서 돌아오지 아니하였었다. 업이도 어디를 나갔는지 보이지 아니하였다. T씨의 아내만이 희미한 불 밑에서 헐어빠진 옷자락을 주무르고 앉아 있었다. 편리하지 아니한 침묵이 어디까지라도 두 사람의 사이에 심연을 지었다. 그는 생각과 생각 끝에 준비하였던 주머니의 돈을 꺼내어 T씨의 아내의 앞에 놓았다.

"자──그만하면──그만큼이나 하였으면 나의 정성을 생각해 주실 게요──자──."

몇 번이었던가, 이러한 그의 피와 정성을 한데 뭉치어(그 정성은 오로지 T씨 한 사람에게 향하여 바치는 정성이었다느니보다도 그가 인간 전체에게 눈물로 헌상하는 과연 살신적 정성이었다) T씨들의 앞에 드린 이 돈이 그의 손으로 다시금 쫓기어 들어온 것이 헤아려서 몇 번이었던가.

그 여러 번 가운데 T씨들이 그것을 받기만이라도 한 일이 단 한 번이라도 있었던가. 그러나 참으로 개와 같이 충실한 그는 이것을 바치기를 잊어버리지는 아니하였다. 일어나는 반감의 힘보다도 자기의 마음이 부족하였음과 수단의 무능하였음을 회오하는 힘이 도리어 더 컸던 것이다.

T씨의 아내는 주무르던 옷자락을 한편에 놓고 핏기 없는 두 팔을 아래로 축 처뜨리었다. 그러나 입은 열릴 것 같기도 하면서 한 마디의 말은 없었다.

"자──그만하였으면──자──."

두 사람의 고개는 말없는 사이에 수그러졌다. 그의 눈에서 굵다란 눈물이 더 뚝뚝 떨어졌을 때에 T씨의 아내의 눈에서도 그만 못지아니한 눈물이 흘렀다. 대기는 여전히 단조로이 울었다.

"자──그만하면──."

"네──."

그대로 계속되는 침묵이 그들의 주위의 모든 것을 점령하였다.

그가 일어서자 T씨가 들어왔다. 그는 나가려던 발길을 멈칫하였다. 형제의 시선은 마주친 채 잠시 동안 계속하였다. 그 사이에 그는 T씨의 안면 전체에서부터 퍼져나오는 강한 술의 취기를 인식할 수 있었다.

"T! 내 마음이 그르지 않은 것을 알아다오!"

"하……하……."

T씨는 그대로 얼마든지 웃고만 서 있었다. 몸의 땀내와 입의 술내를 맡을 수 없이 퍼뜨리면서!

"T야…… 네가 내 말을 이렇게 안 들을 것은 무엇이냐? T! 나의……."

"자, 이것을 좀 보시오! 형님! 이 팔뚝을!"

"본다면!"

"아직도 내 팔로 내가…… 하…… 굶어 죽을까 봐 그리 근심이시오? 하……."

T씨가 팔뚝을 걷어든 채 그의 얼굴을 뚫어질 듯이 들여다볼 때 그의 고개는 아니 수그러질 수 없었다.

"T! 나는 지금 집으로 도루 가는 길이다——어쨌든 오늘 저녁에라도 좀더 깊이 생각하여 보아라."

아직도 초저녁 거리로 그가 나섰을 때에 그는 T씨의 선웃음 소리를 아직도 그의 뒤에서 들을 수 있었다. 걷는 사이에 그는 무엇인가 이제껏 걸어오던 길에서 어떤 다른 터진 길로 나올 수 있었던 것과 같은 감을 느꼈다. 그러나 또한 생각하여 보면 그가 새로 나온 그 터진 길이라는 것도 종래의 길과는 그다지 다름없는 협착하고 괴벽한 길이라는 것 같은 느낌도 느껴졌다.

C라는 간호부에게 대하여 그는 처음부터 적지않게 마음을 이끌리어 왔다. 그의 C간호부에게 대한 소위 호기심이라는 것은 결코 이성적 그 어떤 것이 아닐 것은 말할 것도 없다. 그가 C간호부의 얼굴을 마주할 때마다 그는 이상한 기분이 날 적도 있었다.

'도무지 어디서——본 듯해——.'

C는 일상 그와 가까이 있었다. 일상에 말이 없이 침울한 기분의 여자였다. 언제나 축축히 젖은 것 같은 눈이 아래로 깔리어서는 무엇인가 깊은 명상에 잠기어 있었다. 그러다가는 묵묵히 잡고만 있던 일거리도 한데로 제쳐놓고는 곱게 살 속으로 분이 스며들어간 얼굴을 두 손으로 가리우고는 그대로 고개를 숙여 버리고는 하는 것이다. 더욱 그 두 손으로 얼굴을 가리울 때,

'어디서 본 듯해——도무지.'

생각날 듯 날 듯하면서도 종시 그에게는 생각나지 아니하였다. 다른 사람들에게 생소한 C가 그에게만은 친밀의 뜻을 보여 주고 있는 것도 같았으나 각별히 간절한 회화 한 번이라도 바꾸어 본 일은 없다. 늘 그의 앞에서 가장 종순하고 머리 숙이고 일하고 있었다.

첫여름의 낮은 땅 위의 초목들까지도 피곤의 빛을 보이고 있었다. 창밖으로 내려다보이는 종횡으로 불규칙하게 얽히운 길들은 축축한 생기라고는 조금도 찾아볼 수는 없고 메마른 먼지가 '포플러' 머리가 흔들릴 적마다 일고 일고 하는 것이 마치 극도로 쇠약한 병자가 병상 위에서 가끔 토하는 습기 없는 입김과도 같이 보였다. 고색창연한 늙은 도시의 부정연한 건축물 사이에 소밀도로 끼어 있는 공기까지도 졸음 졸고 있는 것같이 병──하니 보였다. C는 건너편 책상에 의지하여 무슨 책인지 열심히 읽고 있었다. 그는 신문 조각을 뒤적거리다 급기야 졸고 앉아 있었다. 피곤해빠진 인생을 생각할 때 그의 졸음 조는 것도 당연한 일이었다.

"선생님! 조으십니까? 아──저도!"

그 목소리도 역시 피곤한 한 인생의 조는 목소리에 지나지 않았다.

"선생님! 선생님! 선생님! 선생님."

최면술사가 어슴푸레한 푸른 전등 밑에서 한 사람에게 무슨 한 마디 이고를 무한히 시진하도록 '리피트' 시키고 있는 것과도 같이 꿈 속같이 고요하고 어슴푸레하였다.

"선생님! 선생님! 저도 한때는 신이라는 것을 믿었던 일이 있답니다."

"……."

"선생님! 신은 있는 것입니까? 있을 수 있는 것입니까? 있어도 관계치 않는 것입니까?"

"……흥……C씨! ……소설에 그런 말이 있습니까?"

"여기서도! 그들은 신을 믿으려고 애를 쓰고 있습니다그려! 한때의 저와 같이!"

"……."

또한 졸음 조는 것 같은 침묵이 그 사이에 한참이나 놓여 있었다. '앵

도지리——삐찌——' 어린 장사의 목소리가 자꾸만——그들의 쉬려는 귀를 귀찮게 굴고 있었다.

"선생님! 저를 선생님의 곁에다——제가 있고 싶어하는 때까지 두어 주시지요."

"그것은? 그러면? 그렇다면?"

"선생님! 선생님은 저를 전연 모르셔도 저는 선생님을 잘 알고 있습니다."

그의 들려는 잠은 일시에 냉수 끼얹은 것같이 깨어져 버리고 말았다.

"즉! 안다면!"

"선생님! 팔 년——어쨌든 그전——명고옥의 생활을 기억하십니까?"

"명고옥?——하——명고옥?"

"선생님! 제가——죽은 ××의 아우올습니다."

"응! ××? 그——아!"

고향을 떠나 두 형매는 오랫동안 유랑의 생활을 계속하였다. 죽음으로만 다가가는 그들을 찾아오는 극도의 곤궁은 과연 그들에게는 차라리 죽음만 같지 못한 바른 삶이었다. 차차 움돋기 시작하는 세상에 대한 조소와 증오는 드디어 그들의 인간성까지도 변형시키어 놓지 않고는 마지아니하였다. ××는 그의 본명은 아니었다. 그가 이십이 조금 넘었을 때 그는 극도의 주림을 이기지 못하여 남의 대야 한 개를 훔친 일이 있었다. 물론 일순간 후에는 무한히 참회의 눈물을 흘렸으나 한번 엎질러 놓은 물은 다시 어찌할 수도 없었다. 첫째로 법의 눈을 피한다느니보다도 여지껏의 자기를 깨끗이 장사지낸다는 의미 아래에서 자기의 본명을 버린 다음 지금의 ××라는 이름을 가지게 된 것이다. 청정된 새로운 생활을 영위하여 나아가기 위하여 어린 누이 C를 이끌고 그의 발길이 돌아 들어선다는 곳이 곧 명고옥——×——그냥 삼 년 외국 생활을 겪어 보던 그 식당이었다. 우연한 인연으로 만난 이 두 신생에 발길 들이어 놓은 인간들은 곧 가장 친밀한 우인이 되었었다.

'참회! 자기가 자기의 과거의 죄악에 대하여 참으로 참회의 눈물을 흘렸다 하면 그는 그의 지은 죄에 대하여 속죄받을 수 있을까?'

그는 ××로부터 일상에 이러한 말을 침울한 얼굴로 하고는 하는 것을 들었다.

"만인의 신은 없다. 그러나 자기의 신은 있다."

그는 늘 이러한 대답을 하여 왔었다.

"지금이라도 내가 그 대야를 가지고 그 주인 앞에 엎드리어 울며 사죄한다면 그 주인은 나를 용서할 것인가? 신까지도 나를 용서할 것인가?"

어느 밤에 ××는 자기가 도적하였었다는 것과 같은 모양이라는 대야를 한 개 사 가지고 돌아온 일까지도 있었다. ××의 얼굴에는 취소할 수 없는 어둔 구름이 가득히 끼어 있는 것을 그는 볼 수 있었다.

"아무리 생각하여도——이 상처를 두고두고 앓는 것보다는——××! 내일은 내가 그 주인을 찾아가겠소. 그리고는 그 앞에서 울어 보겠소!"

그는 죽을 힘을 다하여 ××를 말리었다.

"이왕 이처럼 새로운 생활을 하기 시작하여 놓은 이상 이렇게 하는 것은 자기를 옛날 그 죄악의 속으로 다시 돌려보내는 것이 되지 않을까! 참회가 있는 사람에게는 그 순간에 벌써 모든 것으로부터 용서받았어! 지난 날을 추억하느니보다는 새 생활을 근심할 것이야!"

××의 친구 중에 A라는 대학생이 있었다. C는 A에게 부탁되어 있었다. A는 아직도 나어린 C였으나 은근히 장래의 자기의 아내 만들 것까지도 생각하고 있었다. C도 A를 극히 따르고 존경하여 인류의 깊은 정

의를 맺고 있었다.

늦은 가을 하늘이 맑게 갠 어느 날 ××와 A는 엽총을 어깨에——즐거운 수렵의 하루를 어느 깊은 산중에서 같이 보내게 되었다. 운명은 악희라고만은 보아 버릴 수 없는 악희를 감히 시작하였으니 A의 겨냥 대인 탄환은 ××의 급처에 명중하고 말았다. 모든 일은 꿈이 아니었다. 기막힌 현실일 뿐이랴! 어떻게 할 수도 없는 엄연한 과거였다. A는 며칠의 유치장 생활을 한 다음 머리를 깎은 채 어디로인지 종적을 감춘 후 이 세상에서 그의 소식을 아는 사람은 한 사람도 없게 그의 자취는 이 세상에서 사라져 버리고 말았다. 일시에 두 사람을 잃어버린 C는 A가 우편으로 보내 준 얼마의 돈을 수중에 한 다음 그대로 넓은 벌판에 발길을 들여 놓았다.

"그 동안 칠 년——팔 년의 저의 삶에 대하여서 어떤 국어로 이야기할 수 있겠습니까?"

이 곳까지 이야기한 C의 눈에는 몇 방울의 눈물이 분먹은 뺨에 가느다란 두 줄의 길을 내어 놓고까지 있었다.

"제가 선생님을 뵈옵기는 오라버님을 뵈오러 갔을 때 몇 번밖에는 없었습니다——그러나 제가 생각해도 이상히 선생님의 얼굴만은 저의 기억에 가장 인상 깊은 것이었나 보아요."

이 곳까지 들은 그는 여지껏 꼼짝할 수도 없이 막히었던 그의 호흡을 비로소 회복한 듯이 기다란 심호흡을 한 번 쉬었다.

"C씨——그래 그 A씨는 그 후 한 번도 만나지 못하셨소?"

"선생님! 제가 누가 있겠습니까! 이렇게 천하를 헤매는 것도 A씨를 찾아보겠다는 일념입니다——A씨는 벌써 죽었는지도 모릅니다——다행히 오늘——돌아가신 오라버님의 기념처럼 선생님을 이렇게 만나 모시게 되니——선생님 아무쪼록 죽은 오라버님을 생각하시고 저를 선생님 곁에 제가 싫증나는 날까지 두어 주세요. 제가 싫증이 났을 때에는 또——선생님, 가엾은 이 새를 저 가고 싶은 데로 가게 내버려 두어 주세요. 저는…….”

수그러지는 고개에 두 손이 올라가 가리워질 때에,

“도무지 어디서 본 듯해!”

그 기억은 아무리 생각하여도 명고옥에서의 기억은 아니었고 분명히 다른 어느 곳에서의 기억에 틀림없는 것이었다. 그러나 종시 그의 기억에 떠올라 오지는 아니하였다.

“선생님! A씨나 오라버님이나——그들을 위하여서라도 저는 죽을 힘을 다하여 신을 믿어 보려고 하였습니다. 그러나 지금은 신의 존재커녕은 신의 존재의 가능성까지도 의심합니다.”

“만인을 위한 신은 없습니다. 그러나 자기 한 사람의 신은 누구나 있습니다.”

창 밖의 길 먼지 속에서 구세군 행려도의 복음과 찬미가 소리가 가장 저음으로 들려 왔다.

사람들은 놀래어 T씨를 둘러쌌다. 그리고 떠들었다. 인사 불성된 T씨의 어깨와 팔 사이로는 붉은 선혈이 옷 바깥으로 배어 흘러 떨어지고 있었다.

“이 사람 형님이 병원을 한답니다.”

“어딘고? 누구 아는 사람 있나?”

“내 알아——어쨌든 메고들 갑시다.”

폭양은 대지를 그대로 불살라 버릴 듯이 내리쪼이고 있었다. 목쉬인 지경 노래와 목도 소리가 무르녹은 크낙한 공사장 한 귀퉁이에서는 자그마한 소동이 일어났다. 그러나 잠시 후에는 ‘그까짓 것이 다 무엇이냐'는 듯이 도로 전모양으로 돌아가 버렸다.

　T씨는 거의 일주야 만에야 의식이 회복되었다. 상처는 그다지 큰 것이 아니었으나 높은 곳에서 떨어지느라고 몹시 놀란 것인 듯하였다. T씨의 아내는 곧 달려와서 마음껏 간호하였다. 그러나 업의 자태는 나타나지 아니하였다. 그가 T씨의 병실 문을 열었을 때 T씨 부부의 무슨 이야기 소리를 들었다. 그러나 그의 얼굴을 보자마자 곧 그치어 버린 듯한 표정을 그는 읽을 수 있었다. T씨의 아내의 아래로 숙인 근심스러운 얼굴에는 '적빈' 두 글자가 새긴 듯이 뚜렷이 나타나 있었다.
　"T야! 상처는 대단치 않으니 편안히 누워 있어라. 다——염려는 말고——."
　"……."
　그는 자기 방에서 또 무엇인가 깊이 깊은 것을 생각하고 있었다. 그 생각하고 있는 자기조차 무엇을 생각하고 있는지 모를 만큼 그의 두뇌는 혼란——쇠약하였다.
　'아——극도로 피곤한 인생이여!'
　세상에 바치려는 자기의 '몫'의 가는 곳——혹 이제는 이 몫을 비록 세상이 받아라도 하여 주는 때가 돌아왔나 보다——하는 생각도 떠올랐다. 험상스러운 손가락 사이에 끼기어 단조로운 곡선으로 피어 올라가고 있는 담배 연기와도 같이 그의 피곤해빠진 뇌수에서도 피비린내 나는 흑색의 연기가 엉기어 올라오는 것 같았다.
　'오냐, 만인을 위한 신이야 없을망정 자기 하나를 위한 신이 왜—— 없겠느냐?'
　그의 손은 책상 위의 신문을 집었다. 그리고 그의 눈은 무의식적으로 지면 위의 활자를 읽어 내려가고 있는 것이었다.

'교회당에 방화! 범인은 진실한 신자!'

그의 가슴에서는 맺히었던 화산이 소리없이 분화하기 시작하였다. 그러나 그는 아무 뜨거운 느낌도 느낄 수 없었다. 다만 무엇인가 변형된 (혹은 사각형의) 태양이 적갈색의 광선을 방사하며 붕괴되어 가는 역사의 때아닌 여명을 고하는 것을 그는 볼 수 있는 것도 같았다——.

T씨는 저녁때 드디어 병원을 나서서 그의 집으로 돌아갔다. T씨의 아내만이 변명 못할 신세의 눈초리를 그에게 보여 주며 쓸쓸히 T씨의 인력거 뒤를 따라갔다. 그는 모든 것을 이해하여 버렸다.

"T야——T야——."

그는 그 뒤의 말을 이을 수 있는 단어를 찾아내일 수 없었다. T씨의 얼굴에는 전연 표정이 없었다. 그저 병원을, 의식이 회복되자 형의 병원인 줄을 안 다음에 있을 곳이 아니니까 나간다는 그것이었다. 세상 사람들은 그를 비웃기도 하였고 욕하는 이까지도 있었다.

"그 형인지 무엇인지 전 구두쇤가 봅디다."

"이 염천에 먹고 사는 것은 고사하고 하도 집에서 아무리 한대야 상처가 낫기는 좀 어려울걸!"

그의 귀는 이러한 말들에 귀머거리였다.

'그래, 그렇게 내보내면 어떻게 사노? 굶어죽지.'

그 뒤로도 그의 발길이 T씨의 집 문지방을 아니 넘어선 날은 없었다. 또 수입의 삼분의 일을 여전히 T씨의 아내에게 전하는 것도 게을리하지는 아니하였다. 뿐만 아니라 다른 의사를 대이게 하여(그와 M군은 T씨로부터 거절당하였으므로) 치료는 나날이 쾌유의 쪽으로 진척되어 가고 있었다.

수입의 삼분의 일이 무조건으로 T씨의 손으로 돌아가는 데 대하여 M

군은 적지 않게 불평을 가졌었다. 그러나 물론 M군이 그러한 불평을 입밖에 내일 리는 없었다. 그가 또한 이러한 것을 눈치 못 채일 리는 없었다. 그러나 그 역시 어찌할 수도 없는 일이었다. 어떤 때에는 이러한 것을 터놓고 M군의 앞에 하소하여 볼까도 한 적까지 있었으나 그러지 못한 채로 세월에게 질질 끌리어 가고 있었다.

'다달이 나는 분명히 T의 아내에게 그것을 전하여 주었거늘! 그것이 다시 돌아오지 아니하기 시작한 지가 이미 오래거든——그러면 분명히 T는 그것을 자기 손에 다달이 넣고 써 왔을 것을——T의 태도는 너무 과하다——극하다——.'

그는 더 참을 수 없는 것을 느꼈다. 그러나 더 참을 수 없는 것을 참아 넘기는 것이 그가 세상에 바치고자 하는 그의 참마음이라는 것을 깊이 자신하고 모든 유지되어 오던 현상을 게을리 아니할 뿐이랴. 한층 더 부지런히 하였다.

오늘도 또한 그의 절름발이의 발길은 T씨의 집 문지방을 넘어섰다. T씨의 아내만이 만면한 수색으로 그를 대하여 주었다. 물론 이야기 있을 까닭이 없었다. 비스듬히 열린 어두컴컴한 방문 속에서는 T씨의 앓는 소리 섞인 코고는 소리가 들렸다.

"좀 어떤가요?"

"차차 나아가는 것 같습니다."

"의사는?"

"다녀갔습니다."

"무어라고 그럽디까?"

"염려할 것 없다고."

그만하여도 그의 마음은 기뻤다. 마루끝에 걸터앉아 이마의 맺힌 땀을 씻으려 할 때 그의 머리 위 하늘은 시커멓게 흐리어 들어 오고 있었다. 그런가 보다 하는 사이에 주먹 같은 빗방울이 마당의 마른 먼지를 폭발시키기 시작하였다. 서늘한 바람이 한번 휙 불어 스치더니 지구를 싸고 있는 대기는 별안간 완연 전쟁을 일으킨 것 같았다. T씨의 초가 지붕에서는 물이라고 생각할 수도 없는 더러운 액체가 줄줄 쏟아지기 시작하였다. 그는 고개를 들어 하늘을 쳐다보았다. 그저 무한히 검기만 하였다. 다만 가끔 번쩍거리는 번개가 푸른빛의 전선을 큰 소리와 함께 그리고 있을 뿐이었다. 세상 사람들에게 이 기다리고 기다리던 비가 얼마나 새롭고 감사의 것일 것이었으랴마는——그에게는 다만 그의 눈과 귀에 감각되는 한 현상에 지나지 않는 것이었다. 새로울 것도 감사할 것도 아무것도 없었다. 피곤한 인생——그는 얼마 동안이나 멀거니 앉아 있다가 정말 인간들이 내어다 버린 것 모양으로 앉아 있는 T씨의 앞에 예의 것을 내어밀었다. T씨의 아내는 그저 고개를 숙이었을 뿐이었고 여전히 아무 말도 없었다. 그는 또 거북한 기분 속에서 벗어나려고,

"업이는 어딜 갔나요? 요새는 도무지 볼 수가 없으니——더러 들어앉아서 T 간병도 좀 하고 하지."

"벌써 나간 지가 닷새——도무지 말을 할 수도 없고."

"왜 말을 못 하시나요?"

"……."

우연한 회화의 한 토막이 그에게 적지 아니한 의아의 파문을 일으키었다(속으로는 분하였다).

"에——못된 자식——애비가 죽어 드러누웠는데."

그는 비 오는 속으로 그대로 나섰다. 머리 위에서는 우레와 번개가 여전히 끊이지 아니하고 일었다.

'신은 이제 나를 징벌하려 드는 것인가?'

'나는 죄가 없다──자──내가 무슨 죄가 있는가 좀 보아라──나는 죄가 없다!'

그는 자기의 선인임을 나아가 역설하기에는 너무나 약한 인간이었다. 자기의 오직 죄 없음을 죽어가며 변명하는 데 그칠 줄밖에 몰랐다.

'만인의 신! 나의 신! 아! 무죄!'

모든 것은 걷잡을 수 없이 뒤죽박죽이었다. 자동차의 '헤드 라이트'가 빗속에서 번개와 어우러져서 번쩍이었다.

그것이 벌써 찌는 듯한 여름 어느 날의 일이었었다면 세월은 과연 빠른 것이다. 축 늘어진 나뭇잎에는 윤택이랄 것이 없었다. 영원히 윤택이 나지 못할 투명한 수증기가 세계에 차 있는 것 같았다.

꼬박꼬박 오는 졸음을 참을 수 없어 그는 창 밖을 바라보았다. 사람들은 여전히 무거운 발길을 옮기어 놓으며 있었다. 서로 만나는 사람은 담화를 하는 것도 같았다. 장사도 지나갔다. 무엇이라고 소리 높이 외쳤을 것이다. 그러나 모든 사람들은 입만 뻥긋거리는 데에 그치는 것같이 소리나지 아니하였다. '고요한 담화인가' 그에게는 그렇게 생각이 되었다. 벽돌집의 한 덩어리는 구름이 해를 가렸다 터 놓을 때마다 흐렸다 개었다 하였다. 그러나 그것도 지극히 고요한 이동이었다. 그의 윗눈썹은 차차 무게를 늘리는 것 같았다. 얼마 가지 아니하여는 아랫눈썹 위에 가만히 얹혔다. 공기가 겨우 통할 만한 작은 그 틈에서는 참을 수 없는 졸음이──그것도 소리없이──새어나왔다.

병원은 호흡을──불규칙한 호흡을 무겁게 계속하고 있었다. 그 불규칙한 호흡은 그의 졸음에 혼화되어 적이 얼마간 규칙적인 것같이 보였다.

어린아이 울음소리가 아래층에서 들렸다. 그러나 그것도 그의 엿가락처럼 늘어진 졸음의 줄을 건드려 볼 수도 없었다. 한번 지나가는 바람과 같았다. 그 뒤에는 또 피곤한 그의 졸음이 그대로 계속되어 갔을 뿐이다.

그가 있는 방 '도어(문)'가 이상한 음향을 내며 가만히 열렸다. 둔한 '슬리퍼' 소리가 둘, 셋, 넷 하고 하나가 끝나기 전에 또 하나가 나갔다. 저절로 돌아가는 '도어'의 장식은 '도어'를 '도어' 틀 틈 사이에──무거운 짐을 내려놓는 모양으로 갖다 끼웠다. 그리고는 가느다란 숨소리──혹 전연 침묵이었는지도 모를──남아날 듯한 비중 늘은 공기가 실내에 속도 더딘 파도를 장난하고 있었다.

일 분──이 분──삼 분…….

"선생님! 선생님! 주무세요? 선생님!"

C간호부는 몇 번이나 그의 어깨를 흔들어 보았다. 그의 어깨에 닿은 C간호부의 손은 젊디젊은 것이었다. 그는 쾌감 있는 탄력을 느꼈는지도 모른다. 그러나 그것은 그 때문에 더욱이나 졸음은 두께 두꺼운 것이 되어 갔다.

"선생님! 잠에 취하셨세요? 선생님!"

구루마 바퀴 도는 소리──매암이 잡으러 몰려다니는 아이들의 소리──이런 것들은 아직도 그대로 그의 귓바퀴에 붙어 남아 있어서 손으로 몰래 훑으면 우수수 떨어질 것도 같았다. 그렇게 그의 잠! 졸음! 은 졸음 그것만으로 단순한 것이었다.

장주의 꿈과 같이──눈을 부비어 보았을 때 머리는 무겁고 무엇인가 어둡기가 짝이 없는 것이었다. 그 짧은 동안에 지나간 그의 반생의 축도를 그는 졸음 속에서도 피곤한 날개로 한 번 휘어져 날아 보았는지도 몰랐다. 꿈을 기억할 수는 없었으나 꿈을 꾸었는지도 혹은 안 꾸었는지도 그것까지도 알 수는 없었다. 그는 어디인가 풍경 없는 세계에 가서 실컷 울다 그 울음이 다하기 전에 깨워진 것만 같은 모―든 그의 사고의 상태는 무겁고 어두운 것이었다.

"선생님! 잠에 취하셨세요? 퍽 곤하시지요? 깨워 드려서――곤하신데 주무시게 둘걸!"

그는 하품을 한 번 큼직하게 하여 보았다. 머리와 그리고 머리에 딸리지 아니하면 아니될 모든 것은 한 번에 번쩍 가벼워졌다. 동시에 짧은 동안의 기다란 꿈도 한 번에 다――날아간 것과 같았다. 그리고는 그의 몸은 또다시 어찌할 수도 없는 현실의 한 모퉁이로 다시금 돌아온 것 같았다.

"선생님, 그러기에 저는 선생님께 아무런 짓을 하여도 관계치 않지요! 다 용서해 주세요."

"그야!"

"선생님, 졸리셔서 단잠이 푹 드신 걸 깨워 놓아―서, 그래도 선생님은 저를 용서해 주시지요?"

"글쎄!"

"용서하여 주시고 싶지 않으세요? 선생님."

"혹시!"

"선생님, 오늘 일은 용서하여 주시지 않으셔도 좋습니다. 그렇지마는 한 가지 청이 있습니다. 더위에 괴로우신 선생님을 잠깐만 버려도 그것을 정말 선생님 용서해 주실는지요?"

"즉, 그렇다면!"

"며칠 동안만 선생님 곁을 떠나 더위에 선생님을 내어버리고 저만 선선한 데를 찾아서 정말 잠깐 며칠 동안만――선생님 혹시 용서해 주실 수가 있을는지요? 정말 며칠 동안만!"

"선선한 데가 있거든 가오. 며칠 동안만이랄 것이 아니라 선선한 것이 싫어질 때까지 있다 오오. 제 발로 걷겠다, 용서 여부가 붙겠소? 하하."

그의 얼굴에서는 웃을 때에 움직이는 근육이 확실히 움직이고는 있었다. 그러나 평상시에 아니 보이던 몇 줄기의 혈관이 뚜렷이 새로 보였다.

"선생님, 그렇게 하시는 것은 저는 싫습니다. 선생님, 저를 미워하십니까? 저를 미워하시지는 않으시지요? 절더러 어디로 가라고 그러시는 것입니까? 그러시는 것은 아니겠지요?"

"그 회화에는 나는 관계가 없는 것 같소. 하하, 그러나 다 천만의 말씀이오."

"그러시면 못 가게 하시는 걸 제가 졸라 겨우 허락——용서를 받게——이렇게 하셔야 저도 가는 보람도 있고, 또 가도 얼른 오고——선생님도 보내시는——용서하시는 보람이 계시지 않습니까?"

"허락할 것은 얼른 허락하는 것이 질질 끄는 것보다 좋지."

"그것은 그렇지만 재미가 있습니다."

"나는 늙어서 아마 그런 재미를 모르는 모양이오."

"선생님은!"

"늙어서! 하하……."

돌아앉은 C간호부는 품 속에서 손바닥보다도 작은 원형의 거울을 끄집어내어 또 무엇으로인지 뺨, 이마를 싹싹 문지르고 있었다. 잊지 않은 동안 같이 있던 그들 사이였건마는 그로서는 실로 처음 보는 일이요 그의 눈에는 한 이상한 광경으로 비치었다.

미목 수려한 한 청소년이 이리로 걸어 오는 것이 보였다. 양편 손에는 여러 개의 물건 상자가 매어달려 있었다. 흑과 백으로만 장속한 그

청소년의 몸에서는 거의 광채를 발하다시피 눈부시었다. 들창에 매어달려 바깥만을 내어다보고 있던 C간호부는 그 때에 그의 방에서 나갔다. 거의 의식을 잃은 그는 C간호부의 풍부한 발이 층계를 내려가는 여러 음절의 소리 가운데의 몇 토막을 들었을 뿐이었다. 아래층에서는 가벼운——그러나 퍽 명랑한 웃음소리가 알아듣지 못할 정도로 흐려진 유쾌한 그러나 퍽 짤막한 담화 소리에 섞여 들려 왔다. 쿵——쿵——쿵쿵 분명히 네 개의 발이 층계로 올라오고 있었다.

"큰아버지!"

"선생님!"

고개를 숙인 채 그의 앞에 나란히 서 있는 이 두 청춘을 바라볼 때에 그의 눈에서는 번개가 났다. 혹은 어린 양들에게 백 년의 가약을 손수 맺게 하여 주는 거룩한 목사와도 같았다. 그의 가슴에서는 형상 없는 물질이 흔들렸다. 그 위에 뜬 조그만 사색의 배를 파선시키려는 듯이,

"업아, 내가 너를 본 지 몇 달이 되는지?"

고개를 숙인 업의 입술은 떨어질 것 같지도 아니하였다.

"업아, 네가 입은 옷은 감도 좋거니와 꼭 맞는다."

그의 시선은 푸른빛을 내이며 업의 입상을 오르내렸다.

"업아, 네가 가지고 온 이 상자 속에 든 것은 무슨 좋은 물건이냐? 혹시 그 가운데에는 나에게 줄 선물도 섞여 있는지? 하나, 둘, 셋——넷——다섯——."

그의 시선은 다시금 판자 위에 나란히 놓여 있는 여러 개의 상자 위를 하나 둘 거쳐 가며 산보하였다.

"업아, 아버지의 상처는 좀 나은가? 아니, 너 최근에 너의 집을 들른 일이 혹 있는가?"

"……."

"내가 보는 대로 말하고 보면 아마 지금 여행의 길을 떠나는 모양이지, 아마."

"……."

방 안에는 찬바람이 돌았다. 들창을 새어 들어오는 훈훈한 바람도 다이 방 안에 들어오자마자 바깥 온도를 잃어버리는 것과 같았다.

"C씨! C씨는 언제부터 나의 업이와 친하셨는지 모르겠으나——자——두 사람에게 내가 물을 말은 이렇게 두 사람이 내 앞에 함께 나타난 뜻은 무슨 뜻인지? 이야기할 것이 있는지, 청할 것이 있는지, 혹 나에게 무엇을 줄 것이 있는지——."

C간호부는 고개를 숙인 채 좌우를 두어 번 둘러보더니 무슨 생각이 급히 떠올랐는지 황황히 그 방을 나갔다. 남아 있는 업 한 사람만이 교의에 걸터앉은 그 앞에 깎아세운 장승과 같이 부동 자세로 서 있었다. 그는 교의에서 몸을 일으키며 담배를 한 개 피워 물었다. 연기의 빛은 신선한 청색이었다.

"업아——이리 와서 앉아라. 큰아버지는 결코 너에게 악의를 가지지 아니하였다. 나의 묻는 말을 속이지 말고 대답하여라?"

"네가 돈이 어디서 생기니? 네가 버는 것은 아니겠지."

"어머님이 주십니다."

"아범에게서는 얻어 본 일이 없니?"

"없습니다."

"그만하면 알았다."

업은 처음으로 그의 얼굴을 한 번 치어다보았다.

"C양은 어떻게 언제부터 알았니?"

"우연히 알았습니다. 사귄 지는 아직 한 달도 못 됩니다."

"저것들은 다 무엇이냐?"

"해수욕에 쓰는 것입니다. 옷——그런 것."

"해수욕——그러면 해수욕을 가는데 하하…… 작별을 하러 온 것이로군. 물론 C양과 둘이서?"

"네. 제 생각은 큰아버지를 뵈옵고 가지 않으려 하였습니다마는 C간호부의 말이 우리 둘이서 그 앞에 나가 간곡히 용서를 빌면 반드시 용서하여 주시리라고——그 말을 제가 믿은 것은 아닙니다. 그러나 저는 아니 올 수 없었습니다. 또 C간호부는 큰아버지께서는 우리 두 사람의 사이도 반드시 이해하여 주시리라는 말도 하였습니다마는 물론 그 말도 저는 믿지 않았습니다."

"잘 알았어. 나는——그러면 나로서는 혹 용서하여 줄 점도 있겠고 혹 용서하지 아니할 점도 있을 테니까."

"그럼 무엇을 용서하시고 무엇은 용서하지 아니하실 터인지요?"

"그것은 보면 알 것이 아닌가?"

그의 말끝에는 가벼운 경련이 같이 따랐다. 책상 위에 끄집어내어 쌓아놓은 해수욕 도구는 꽤 많은 것이었다. 그는 그 자그마한 산 위에 '알콜'의 소낙비를 내리었다. 성냥 끝에서 옮겨붙은 불은 검붉은 화염을 발하며 그의 방 천장을 금시로 시꺼멓게 그슬려 놓았다. 소리 없이 타오르는 직물류, 고무류의 그 자그마한 산은 보는 동안에 무너져 가고 무너져 가고 하였다. 그 광경은 마치 꿈이 아니면 볼 수 없는 동작이 있고 음향이 없는 반환영과 같았다. 벽 위의 시계가 가만히 새로 한 시를 쳤다. 업의 얼굴은 초일초 분일분 새파랗게 질리어 갔다.

입술은 파래지며 심히 떨었다. 동구를 싸고 있는 눈 윗두덩도 떨었다. 눈의 흰자위는 빛깔을 잃으며 회갈색으로 변하고 검은자위는 더욱더욱 칠흑으로 변하며 전광 같은 윤택을 방사하였다. 그러나 동상 같은 업의 부동 자세는 조금도 변형되려고는 하지 않았다.

'푸지직' 소리를 남기고 불은 꺼졌다. 책상을 덮어 쌌던 '크로드'도, 책상의 '봐니스'도 나타나고 눌었다. 그 위에 그 해수욕 도구들의 다 타고 남은 몇 줌의 검은 재가 엉기어 있었다. 꼭 닫은 '도어'가 바깥으로부터 열렸다.

"선생님!"

오직 한 마디——잠시 나붓거리는 그 입술이 달려 있는 C간호부의 얼굴은 심야의 정령의 그것과도 같이 창백하고도 가련하였다. 그뿐만 아니었다. 그러한 C간호부의 서 있는 등 뒤에 부동명왕의 얼굴과 같이 흑연 화염 속에 인쇄되어 있는 듯한 T씨의 그것도 그는 볼 수 있었다. 일순 후에는 그의 얼굴도 창백화하지 아니할 수 없었고 그의 입술도 조금씩 조금씩 그리하여 커다랗게 떨리기 시작하였다.

흐르는 세월이 조락의 가을을 이 땅 위에 방문시키었을 때는 그가 나뭇잎 느껴 우는 수림을 산보하고 업의 병세를 T씨의 집 대문간에 물어 버릇하기 시작하였은 지도 이미 오래인 때였다.

업은 절대로 그를 만나지 아니하려는 것이었다. 그는 업의 병세를 부득이 T씨의 집 대문간에서 묻지 아니하면 아니되었다. 오직 T씨의 아내가 근심과 친절을 함께 하여 그를 맞아 주었다.

"좀 어떻습니까? 그 떠는 증세가 조금도 낫지 않습니까?"

"그저 마찬가지예요. 어떡하면 좋을지요?"

"무엇 먹고 싶다는 것, 가지고 싶다는 것은 없습니까? 하고 싶다는 것은 또 없습니까?"

"해수욕복을 사 주랍니다. 또 무슨 아루코(알콜)?——"

"네네, 알았습니다."

천 가지 만 가지 궁리를 가슴 가운데에 왕래시키려 그는 병원으로 돌아왔다. 필요 이외의 회화를 받고 와 본 일이 없는 사이쯤 된 M군에게 그는 간곡한 어조로 말을 붙여 보았다.

"M군! 도무지 모를 일이야. 모든 죄가 결국은 내게 있다는 것이 아닐까? M군 자네가 아무쪼록 좀 힘을 써 주게."

"힘이야 쓰고 싶지마는 자네도 마찬가지로 나도 만나지 않겠다는 환자의 고집을 어떻게 하느냐는 말일세. 청진기 한 번이라도 대어 보아야 성의 무성의 여부가 생기지 않겠나?"

"내 생각 같아서는 그 업에게는 청진기의 필요도 없을 것 같건만……."

"그것은 자네가 밤낮 하는 소리 마찬가지 소리."

그에게는 이 이상 더 말을 계속시킬 용기조차도 없었다. 책상 위에 놓인 한 장의 편지——발신인 주소도 성명도 그 겉봉에는 씌어 있지마는——가 있었다.

선생님! 가을바람이 부니 인생이란 더욱이나 어두운 것이라는 것이 생각됩니다.

표연히 야속한 마음을 가슴에 품은 채 선생님의 곁을 떠난 후 벌써 철 하나 바뀌었습니다. 이처럼 흐르는 광음 속에서 우리는 무엇을 속절없이 찾고만 있을까요?

그 동안 한 장의 글월을 올리지 않다가 이제 새삼스러이 이 펜을 날려 보는 저의 심사를 혹은 선생님은 어찌나 생각하실는지는 모르겠습니다. 그렇습니다. 세상은 즉, 오해 속에서 오해로만 살아가는 것인가 합니다. 선생님이 우리들을 이해하셨기에 우리들은 선생님의 거룩한 사랑까지도 오해하였습니다. 그리하여 병상에 누워 있는 '업'씨를——그리고 또 표연히 선생님의 곁을 떠난 저도 선생님께서 오해하셨습니다. 제가 드리고자 하는 이 그다지 짧지 않은 글도 물론 전부가 다 오해 투성이겠지요. 그러니 선생님께서 제가 이 글을 드리는 태도나 또는 그 글의 내용을 오해하실 것도 물론이겠지요. 아——세상은 어디까지나 오해의 갈쿠리로 연쇄되어 있는 것이겠습니까? 저의 오라버님의 최후도 또그이(대학생——C간호부의 내면)도 그 때의 일도 그 후의 일도 모든 것이 다 오해 때문에서가 아니었습니까? 제가 저의 신세를 이 모양으로 만든 것도, 이처럼 세상을 집 삼아 표랑의 삶을 영위하게 된 것도 전부다——그 기인은 오해——우리 어리석은 인간들의 무지로부터 출발된 오해 때문이 아니었으면 무엇이었던가 합니다(어폐를 관대히 보아 주세요). (중략)

선생님이 저에게 끼쳐 주신 하해 같은 은혜에 치하의 말씀이 어찌 이에서 다하겠습니까마는 덧없는 붓끝이 오직 선생님의 고명과 종이의 백색을 더럽힐 따름입니다.

선생님! 선생님께서는 업 씨와 저 두 사람 사이를 과연 어떠한 색채로 관찰하시었는지요(어폐를 아무쪼록 관대히 보아 주십시오). 아닌 것이 아니라 저는 업 씨를 마음으로 사랑하였습니다. 또 업 씨도 저를 좀더 무겁게 사랑하여 주었습니다. 이제 생각하여 보면——업 씨의 나이——이제 스물한 살——저 스물 여섯——과연 우리 두 사람의 사랑이 철저한 사랑이었다 할지라도 이와 같은 연령의 아래에서는 그 사랑이란 그래도 좀더 빛다른 그 무엇이 있지 아니하면 아니되지 않겠습니까?

두 사람의 만남——무엇이라 할까——하여간 우연 중에도 너무 우연이겠습니다. 그것은 말씀 올리기 꺼립니다. 혹시 병상에 누워 계신 업 씨의 신상에 어떠한 이상이라도 있지나 아니할까 하여 다만 저의 둘, 두 사람의 사랑의 내용을 불구자적 병적이면, 불구자적 병적 그대로라도 사뢰어 볼까 합니다.

(아——끝없는 오해는 아직도——아직도) 선생님! 제가 업 씨를 사랑한 이유는 업 씨의 얼굴——면영이 세상에서 자취를 감추고 만 그이의 면영과 흡사하였다는——다만 그 한 가지에 지나지 않습니다. 그이는——지금쯤은 퍽 늙었겠지요! 혹 벌써 이 세상 사람이 아닌지도 모릅니다. 그러나 저의 기억에 남아 있는 그이의 면영은 그이와 제가 갈리지 아니하면 아니되었던 그 순간의 그것 채로 신선하게 남아 있습니다.

남의 사랑을 받는 것은 행복입니다——남을 사랑하는 것은 적어도 기쁨입니다. 남을 사랑하는 것이나 남의 사랑을 받는 것이나 인간의 아름다움의 극치이겠습니다.

저는 생각하였습니다. 저의 업 씨에게 대한 사랑도 과연 인간의 아름다움의 하나로 칠 수 있을까를. 그러나 저는 저로도 과연 저의 업 씨에게 대한 사랑에는 너무나 많은 아욕이 품겨 있는 것을 발견하였습니다. 그리하여 곧——저는 저의 업 씨에게 대한 사랑을 주저하였습니다.

그러나 또 한 가지 아뢰올 것은 업 씨의 저에게 대한 사랑입니다. 경조부박한 생활, 부피 없는 생활을 하여 오던 업 씨는 저에게서 비로소 처음으로 인간의 내음나는 역량 있는 사랑을 느낄 수 있었다 합니다. 업 씨의 말을 들으면 업 씨의 저에게 대한 사랑은 적극적으로 업 씨가 저에게 제공하는 그러한 사랑이라느니보다도 저의 사랑이 깃이 있다면 업 씨는 업 씨 자신의 저에게 대한 사랑을 신선한 대로 그대로 소지한 채 그 깃 밑으로 기어들고 싶은 그러한 사랑이었다고 합니다.

하여간 업 씨의 저에게 대한 사랑도 우리가 항상 볼 수 있는 시정간의 사랑보다는 무엇인가 좀더 깊이가 있었던 듯하며 성스러운 것이었던가 합니다. 여러 가지 점으로 주저하던 저는 업 씨의 저에게 대한 사랑의 피로 말미암아 무던한 용기를 얻을 수 있었습니다. 선생님——저희들은 어쨌든 이제는 원인을 고구할 것 없이 서로 사랑하여 자유로 사랑하여 가기로 하였습니다. 이만큼 저희들은 삽시간 동안에 눈멀어 버리고 말았습니다. 선생님——저희들의 사랑 꼴은 생리적으로도 한 불구자적 현상에 속하겠지요. 더욱, 사회적으로는 한 가련한 탈선이겠지요. 저희들도 이것만은 어렴풋이나마 느꼈습니다. 그러나 사람이 자기의 심각한 추억의 인간과 면영이 같은 사람에게 적어도 호의를 갖는 것은 사람의 본능의 하나가 아닐까요? 생리학에나 혹은 심리학에나 그런 것이 어디 없습니까? 또 사회적으로도 영(영과 영)끼리만이 충돌하여 발생되는 신성한 사랑의 결합체는 존재할 수 있다는 것이 그다지 해괴한 사건에 속할까요! (중략)

선생님! 해수욕행도 저의 제의였습니다. 해수욕 도구도 제 돈으로 산 것입니다. 업 씨는 헤엄도 칠 줄 모른다 합니다. 또 물을 그다지 즐기는 것도 아니었습니다. 그러나 저의 말이면 어디라도 가고 싶다 하였습니다. 그것을 한 계집의 간사한 유혹이라느니보다도 모성의 갸륵한 애무와도 같은 느낌이었다 합니다.

선생님! 너무나 가혹하시지나 아니하셨던가요? 그것을 왜 사뤄 버리셨습니까? 업 씨에게도 기쁨이 있었습니다. 저도 모성애와 같은 사랑을 업 씨에게 베푸는 것이, 또 그 사랑을 달게 받아 주는 것이 무한한 기쁨이었습니다.

그 기쁨을 선생님은 검붉은 화염 속에 불사뤄 버리시었습니다. 그 이상한 악취를 발하며 타오르는 불길은 오직 그 책상 위의 목면과 고무만을 태운 데 그친 줄 아십니까? 도어 뒤에 서 있던 저의 심장도(확실히) 또 그리고 업 씨의 그것도, 업 씨의 아버님의 그것도 다 사뤄 버린 것이었을 것입니다.

저의 등 뒤에 사람이 있는지 알 길이 있었겠습니까? 하물며 그 사람이 누구인가를 알 길은 더욱이나 있었겠습니까? 얼마 후에, 참으로 긴 동안의 얼마 후에 그이가 업 씨 아버님인 것을 알 수 있었습니다(저는 업 씨의 아버님을 모릅니다. 그러나 그 때에 처음 알았습니다). 선생님께서도 의외이셨겠지요? 업 씨의 아버님이 그 곳에 와 계셨다는 데 대하여는…… 그러나 저는 업 씨의 아버님이 그 곳에 와 계신 데 대하여서 업 씨의 아버님 자신으로부터 그 전말을 자세히 들었습니다. 그것은 이 곳에서 아뢰일 만한 것은 못 됩니다.(중략)

병석에서도 늘 해수욕복을 원한다는 소식을 저는 업 씨의 친구 되는 이들께서 얻어들을 수 있었습니다. 선생님도 물론 잘 아시겠지요? 선생님! 감상이 어떠십니까? 무엇을 의미함이었든지 저는 업 씨의 원을 풀어 드리고자 합니다.

선생님! 나머지 저의 월급이 몇 푼 있을 줄 생각합니다. 좌기 주소로 송부하여 주십시오.

오해 속에서 나온 오해의 글인만큼 저는 당당히 닥쳐 오는 오해를 인수할 만한 준비를 갖추어 가지고 있습니다. 너무 길다란 글이 혹시 선생님께 폐를 끼치지나 아니하였나 합니다. 관대하신 용서와 선생님의 건강을 빌며——.

××통 ○○정복 C변명 △△올림

그는 어디까지라도 자신을 비판하여 보았고 반성하여 보았다.

그는 다달이 잊지 않고 적지 않은 돈을 T씨의 아내 손에 쥐어 주었다. T씨의 아내는 그것을 차마 T씨의 앞에 내놓지 못하였으리라. T씨의 아내는 그것을 업에게 그대로 내어주었으리라. 업은 그것을 가지고 경조 부박한 도락에 탐하였으리라. 우연히 간호부를 만나 해수욕행까지 결정하였으리라. 애비(T씨)가 다쳐서 드러누웠건마는 집에는 한 번도 들르지 않는 자식, 그 돈을——그 피가 나는 돈을 그대로 철없고 방탕

한 자식에게 내어주는 어머니——그는 이런 것들이 미웠다. C간호부만 하더라도 반드시 유혹의 팔길을 업의 위에 내밀었을 것이다. 그는 이것이 괘씸하였다.

그러나 한 장 C간호부의 그 편지는 모든 그의 추측과 단안을 전복시키고도 오히려 남음이 있었다.

'역시 모—든 죄는 나에게 있다.'

그의 속주머니에는 적지 아니한 돈이 들어 있었다. C간호부는 삼층 한 귀퉁이 조그만 '다다미' 방에 누워 있었다. 그 품에 전에 볼 수 없던 젖먹이 갓난아이가 들어 있었다.

"C양! 과거는 어찌되었든 지금에 이것은 도무지 어찌된 일이오?"

"선생님! 아무것도 저는 말하고 싶지는 않습니다. 사람의 일생은 이렇게 죄악만으로 얽어서 놓지 아니하면 유지가 안 되는 것입니까?"

"C양! 나는 그 말에 대답할 아무 말도 가지지 못하오. 오해와 용서! 그러기에 인류 사회는 그다지 큰 풍파가 없이 지지되어 가지 않소?"

"선생님! 저는 지금 아무것도 후회치 않습니다. 모든 것을 다 후회하지 아니하면 아니될 것이니까요. 선생님! 이것을 부탁합니다."

C간호부의 눈에서는 맑은 눈물 방울이 흘렀다. 그는 C간호부의 내어미는 젖먹이를 의식 없이 두 손으로 받아 들었다. 따뜻한 온기가 얼고 식어 빠진 그의 손에 전하여 왔다. 그 때에 그는 누워 있는 C간호부의 초췌한 얼굴에서 십여 년 전에 저 세상으로 간 아내의 면영을 발견하였다. 그는 기쁨, 슬픔이 교착된 무한한 애착을 느꼈다. 그리고 C간호부의 그 편지 가운데의 어느 구절을 생각내어 보기도 하였다. 그리고는 모—든 C간호부의 일들에 조건 없는 용서—라느니보다도 호의를 붙였다.

"선생님! 오늘 이 곳을 떠나가시거든 다시는 저를 찾지는 말아 주세

요. 이것은 제가 낳은 것이라 생각하셔도 좋고, 안 낳은 것이라 생각하셔도 좋고, 아무쪼록 선생님 이것을 부탁합니다."

하려던 말도 시키려던 계획도 모두 허사로, 다만 그는 그의 '포켓' 속에 들었던 돈을 C간호부 머리맡에 놓고는 뜻도 아니한 선물을 품에 안은 채 첫눈 부실거리는 거리를 나섰다.

'사람이란 그 추억의 사람과 같은 면영의 사람에게서 어떤 연연한 정서를 느끼는 것인가.'

이런 것을 생각하여도 보았다.

업의 병세는 겨울에 들어서 오히려 점점 더하여 가는 것이었다. 전신은 거의 뼈만 남고 살아 있다고 볼 수 있는 것은 눈과 입 이 둘뿐이었다. 그 방 윗목에는 철 아닌 해수욕 도구로 차 있었다. 업은 앉아서나 누워서나 종일토록 눈이 빠지게 그것만 바라보고 앉아 있었다.

"아버지——말쑥한 새 기와집 안방에 가 누워서 앓았으면 병이 나을 것 같애——아버지 기와집 하나 삽시다. 말쑥하고 정결한……."

업의 말이었다는 이 말이 그의 귀에 들자 어찌 며칠이라는 날짜가 갈 수 있으랴. 즉시 업의 유원은 풀릴 수 있었다. 새 집에 간 지 이틀, 업은 못 먹던 밥도 먹었다. 집안 사람들과 그는 기뻐하였다. 그저 한없이——.

그러나 이미 때는 돌아왔다. 사흘 되던 날 아침(그 아침은 몹시 추운 아침이었다) 업은 해수욕을 가겠다는 출발이었다. 새 옷을 갈아 입고 방문을 죄다 열어 놓고 방 윗목에 쌓여 있는 해수욕 도구를 모두 다 마당으로 끄집어내게 하였다. 그리고는 그 위에 적지 않은 해수욕 도구의 산에 '알콜'을 들이부으라는 업의 명령이었다.

"큰아버지께 작별의 인사를 드리겠으니 좀 오시라고 그래 주시오. 어서 어서 곧——지금 곧."

그와 업의 시선이 오래——참으로 오래간만에 서로 마주치었을 때 쌍방에서 다 창백색의 인광을 발사하는 것 같았다.

"불! 이제 게다가 불을 지르시오."

몽몽한 흑연이 둔한 음향을 반주시키며 차고 건조한 천공을 향하여 올라갔다. 그것은 한 괴기를 띤 그다지 성스럽지 않은 광경이었다.

가련한 백부인 그를 입회시킨 다음 업은 골수에 사무친 복수를 수행하였다(이것은 과연 인세의 일이 아닐까? 작자의 한 상상의 유희에서만 나올 수 있는 것일까?). 뜰 가운데에 타고 남아 있는 재부스러기와 조금도 못함이 없을 때까지 그의 주름살 잡힌 심장도 아주 새까맣도록 다 탔다.

그날 저녁에 업은 드디어 운명하였다. 동시에 그의 신경의 전부도 다 죽었다. 지금의 그에게는 아무것도 없었다.

다만 아득하고 캄캄한 무한대의 태허가 있을 뿐이었다.

'여——요 에헤——요' 그리고 종소리 상두군의 입 고운 소리가 차고 높은 하늘에 울렸다.

그의 발은 마치 공중에 떠서 옮겨지는 것만 같았다. 심장이 타고 전신의 신경이 운전을 정지하고——그의 그 힘없는 발은 아름다운 생기에 충만한 지구 표면에 부착될 만한 자격도 없는 것 같았다.

그의 눈앞에서는 그 몽몽한 흑연——업의 새 집 마당에서 피어오르던 그 몽몽한 흑연의 일상이 언제까지라도 아른거려 사라지려고는 하지 않았다.

뼈만 남은 가로수도 넘어가고 나머지 빈약한 석양에 비추어 가며 기운 시진해하는 건축물들도, 공중을 횡단하는 헐벗은 참새의 떼들도——

아니 가장 창창하여야만 할 대공 그것까지도──다──한가지 흑색으로밖에는 그의 눈에 보이지 아니하였다. 그의 호흡하고 있는 산소와 탄산와사의 몇 '리터'도 그의 모세관을 흐르는 가느다란 핏줄의 그 어느한 방울까지도 다 흑색 그 몽몽한 흑연과 조금도 다름이 없는──이 아니라고는 그에게 느끼지 않았다.

'나는 지금 어디를 향하여 가고 있는 것일까?'

'아니 아니──이것이 나일까──이것이 무엇일까? 나일까, 나일 수가 있을까?'

가로등 건축물 자동차 피곤한 마차와 짐구루마──하나도 그의 눈에 이상치 아니한 것은 없었다.

'저것들은 다 무슨 맛에 저 짓들이람!'

그러나 그의 끈기를 상실치는 아니한 일신의 제 기관들은 그로 하여금 다시 그의 집으로 돌아가게 하지 않고는 두지 않았다.

손을 들어 그의 집 문을 밀어 열려 하여 보았으나 팔뚝의 관절은 굳었는지 조금도 들리지는 않았다. 소리를 질러 집안 사람들을 불러 보려 하였으나 성대는 진동 관성을 망각하였는지 음성은 나오지 아니하였다.

'창조의 신은 나로부터 그 조종의 실줄을 이미 거두었는가?'

눈썹 밑에는 굵다란 눈물 방울이 맺혀 있었다. 그러나 그 자신도 그것을 감각할 수 없었다. 그의 등 뒤에 웬 사람인지 외투에 내려앉은 눈을 터느라고 옷자락을 흔들고 있었다.

"무엇을 그렇게 생각하고 있나?"

"응? 누구──누구요."

"왜 그렇게 놀라나? 날세 나야."

M군이었다. 병원에서 이제 돌아오는 길이었다.

"업이가 갔어."

"응? 기어코?"

두 사람은 이 이상 더 이야기하지 않았다. 어둠침침한 그의 방 안에는 몇 권의 책이 시체와 같이 이곳 저곳에 조리 없이 산재하여 있을 뿐이었다.

위풍이 반자를 울리며 휙 스쳤다.

"으아——."

"하하, 잠이 깨었구나. 잘 잤느냐? 아아, 울지 마라. 울 까닭은 없지 않느냐? 젖 달라고?——아이 '고무' 젖꼭지가 어디 갔을까. 우유를 덥히어 놓았는지 웬——아아아 울지 마라, 울지 말아야 착한 아이지. ——아——이런 이런!"

가슴에 끓어오르는 무량한 감개를 그는 억제할 수 없었다. 그저 쏟아져 흐르기만 하는 그 뜨거운 눈물을 그 어린것의 뺨에 부비며 씻었다. 그리고 힘껏힘껏 그것을 껴안았다. 어린것은 젖을 얻어먹을 수 있을때까지는 염치없는 울음을 그치지는 않았다.

T씨는 그대로 그 옆에 쓰러졌다. 구덩이는 벌써 반이나 팠다. 그 때 T씨는 그 옆에 쓰러졌다.

언 땅을 깨쳐 가며 파는 곡괭이 소리——이리 뒤치적 저리 뒤치적 나가떨어지는 얼어 굳은 흙덩어리, 다시는 모두어질 길 없는 만가의 토막과도 같이 처량한 것이었다.

사람들은 달려들어 T씨를 일으키었다. T씨의 콧구멍과 입으로는 속도 빠른 허—연 입김이 드나들었다. 그 옆에 서 있는 그의 모양——그 부동 자세는 이 북망산 넓은 언덕에 헤어져 있는 수많은 묘표나 그렇지 아니하면 까막까치 앉아 날개 쉬이는 헐벗은 마른 나무의 그 모양과도 같았다.

관은 내려갔다. T씨와 그 아내와 그리고 그의 울음은 이 때 일시에 폭발하였다. 북망산 석양천에는 곡직착종된 곡성이 처량히 떠올랐다. 업의 시체를 이 모양으로 갖다 파묻고 터덜터덜 가던 그 길을 돌아 들어오는 그들의 모양은 창조주에게 가장 저주받은 것과도 같았고 도주하던 '카인'의 일행들의 모양과도 같았다.

그는 잊지 아니하고 T씨의 집을 찾았다. 그러나 업이 죽은 뒤의 T씨의 집에는 찬바람이 하나 불고 있었다. 또 그러나 그가 T씨의 집을 찾기는 결코 잊지는 않았다.

T씨는 무엇인가 깊은 명상에 빠져서는 누워 있었다. T씨는 일터에도 나가지 아니하였다. 다만 누워서 무엇을 생각하고 있을 뿐이었다.

"T!"

"……."

그는 T씨를 불러 보았다. 그러나 T씨는 대답이 없었다. 또 그러나 그에게도 무슨 할말이 있어서 부른 것은 아니었다. 그는 쓸쓸히 그대로 돌아오기는 하였다. 그러나 이러한 방문이나마 그는 결코 게을리하지 아니하였다.

북부에는 하룻밤에 두 곳——거의 동시에 큰 화재가 있었다. 북풍은 집집의 풍령을 못 견디게 흔드는 어느 날 밤은 이 뜻하지 아니한 두 곳의 화재로 말미암아 일면의 불바다로 화하고 말았다. 바람 차게 불고 추운 밤임에도 불구하고 사람들은 원근에서 몰려 들어와서 북부 시가의 모든 길들은 송곳 한 개를 들어 세울 틈도 없을 만치 악마구리 끓듯 야단이었다. 경성의 소방대는 비상의 경적을 난타하며 총동원으로 두 곳에 나누어 모여들었다. 그러나 충천의 화세는 밤이 깊어 갈수록 점점 더하여 가기만 하는 것이었다. 소방수들은 필사의 용기를 다하여 진화에 노력하였으나 연소의 구역은 각각으로 넓어만 가고 있을 뿐이었다. 기와와 벽돌은 튀고 무너지고 나무는 뜬숯이 되고 우지직 소리는 끊일 사이 없이 나고 기둥과 들보를 잃은 집들은 착착으로 무너지고 한 채의 집이 무너질 적마다 불똥은 천길 만길 튀어오르고 완연히 인간 세계에 현출된 활화 지옥이었다. 잎도 붙지 아니한 수목들은 헐벗은 채로 그대로 다 타 죽었다.

불길이 삽시간에 자기 집으로 옮겨 붙자 세간 기명은 꺼낼 사이도 없이 행길로 뛰어나온 주민들은 어디로 갈 곳을 알지 못하고 갈팡질팡 방황하였다.

"수길아!"

"복동아!"

"금순아!"

다 각기 자기 자식을 찾았다. 그 무리들 가운데에는,

"업아! 업아!"

이렇게 소리 높이 외치며 쏘다니는 한 사람도 있었다. 그러나 정신의 조리를 상실한 그들 무리는 그 소리 하나쯤은 귓등에 담을 여지조차도 없었다. 두 구역을 전멸시킨 다음 이튿날 새벽에 맹렬하던 그 불도 진화되었다. 개와 닭이 울던 이 두 동리는 검은 재의 벌판으로 변하고 말았다.

이같이 큰일에 이르기까지 한 그 불의 출화 원인에 대하여는 아무도 아는 사람이 없었다. 다만 그날 밤에는 북풍이 심하였던가, 수개의 소화전은 얼어붙어서 물이 나오지 아니하였던 까닭에 많은 소방수의 필사의 노력도 허사로 수수방관치 아니하면 아니되었던 곳이 있었던 것 등을 말할 수 있을 뿐이었다.

M군과 그 가족은 인명이야 무사하였지마는 M군은 세간 기명을 구하러 드나들다가 다리를 다쳤다.

이재민들은 가까운 곳 어느 학교 교사에 수용되었다. M군과 그 가족도 그 곳에 수용되었다.

M군이 병들어 누운 옆에는 거의 전신이 허물이 벗다시피 된 그가 말뚝 모양으로 서 있었다. 초췌한 그들의 안모에는 인생의 괴로운 물결이 주름살져 있었다.

그가 그 맹화 가운데에서 이리저리 날뛰었을 때,

'무엇을 찾으러——무슨 목적으로 내가 이러나.'

물론 자기도 그것을 알 수는 없었다. 첫편에 불이 붙어도 오히려 부동 자세로 저립하고 있는 전신주와 같이 그는 멍멍히 서 있었다. 그 때에 그의 머리에 벽력같이 떠오르는 그 무엇이 있었다. 얼마 전에 그 간호부를 마지막 찾았을 때 C간호부의,

'이것을 잘 부탁합니다.'

하던 그것이었다.

그는 그대로 맹렬히 붙어오르는 화염 속을 헤치고 뛰어 들어갔다. 그리하여 그 젖먹이를 가슴에 꽉 안은 채 나왔다. 어린것은 아직 젖이 먹고 싶지는 않았던지 잠은 깨어 있었으나 울지는 않았다. 도리어 그의 가슴에 이상히 힘차게 안기었을 제 놀라서 울었다.

'그렇지. 네 눈에는 이 불길이 이상하게 보이겠지.'

그러나 그의 옷은 눌었다. 그의 얼굴과 팔뚝 손을 데었다. 그러나 그는 뜨거운 것을 느낄 사이도 없었고 신경도 없었다. 타오르는 M군과 그의 집, 병원 그것들에 대하여는 조그만 애착도 없었다. 차라리 그에게는,

'벌써 타 버렸어야 옳을 것이 여지껏 남아 있었지.'

이렇게 그의 가슴은 오래오래 묵은 병을 떠나 버리는 것과 같이 그 불길이 시원하게 느껴졌다. 다만 한 가지 생명과도 바꿀 수 없는 보배를 건진 것과 같은 쾌감을 그 젖먹이에게서 맛볼 수 있었다.

한 사람 중년 노동자가 자수하였다. 대화재에 싸여 있던 중첩한 의문은 일시에 소멸되었다.

'희유의 방화범!'

신문의 이 기사를 읽고 앉아 있는 그의 가슴 가운데에는 그 대화에 못지아니한 불길이 타오르고 있었다.

"T야! T야!"

T씨는 그날 밤 M군과 그의 집, 병원 두 곳에 그 길로 불을 놓았다. 타오르지 않을까를 염려하여 병원에서 많은 '알콜'을 훔쳐 내어 부었다. 불을 그어 대인 다음 그 길로 자수하려 하였으나 타오르는 불길이 너무도 재미있는데 취하였었고, 또 분주 수선한 그 때에 경찰에 자수를 한대야 신통할 것이 조금도 없을 것 같아서 그 이튿날 하기로 하였었다.

날이 새자 T씨는 곧 불터를 보러 갔다. 그것은 T씨 마음 가운데 상상한 이상 넓고 큰 것이었다. T씨는 놀라지 아니할 수 없었다. 하루 이틀——T씨는 차츰차츰 평범한 인간의 궤도로 복구되지 아니하면 아니 되게 되었다. 그러나 이대로 언제까지라도 끌고 갈 수는 없었다.

'희유의 방화범!'

경찰에 나타난 T씨에게 세상은 의외에도 이러한 대명찰을 수여하였다.

(모든 사건이라고 이름 붙을 만한 것들은 다——끝났다. 오직 이제

남은 것은 '그'라는 인간의 갈 길을, 그리하여 갈 곳을 선택하며 지정하여 주는 일 뿐이다. '그'라는 한 인간은 이제 인간의 인간에서 넘어야만 할 고개의 최후의 저편에 저립하고 있다. 이제 그는 그 자신을 완성하기 위하여 그리하여 인간의 한 단편으로서의 종식을 위하여 어느 길이고 걷지 아니하면 아니될 단말마다.

작가는 '그'로 하여금 인간 세계에서 구원받게 하여 보기 위하여 있는 대로 기회와 사건을 주었다. 그러나 그는 구조되지 않았다. 작자는 영혼을 인정한다는 것이 아니다. 작자는 아마 누구보다도 영혼을 믿지 아니하는 자에 속할는지도 모른다.

그러나 그에게 영혼이라는 것을 부여치 아니하고는——즉 다시 하면 그를 구하는 최후에 남은 한 방책은 오직 그에게 영혼이라는 것을 부여하는 것 하나가 남았다.)

황막한 벌판에는 흰 눈이 일면으로 덮이어 있었다. 곳곳에 떨면서 있는 왜소한 마른 나무는 대지의 동면을 수호하는 가련한 패잔병과도 같았다. 그 위를 하늘은 쉬일 사이도 없이 함박눈을 떨구고 있었다. 소와 말은 오직 외양간에서 울었다. 사람은 방 안으로 방 안으로 이렇게 세계를 축소시키고 있었다.

길을 걷는 사람이 있다. 다른 사람들의 걷기를 그친 황막한 이 벌판 길을 걷는 사람이 있다.

그는 지금 어디로 가는지, 어디로부터 왔는지 알 길이 없었다. 벌판 가운데 어디로부터 어디까지나 늘어서 있는지 전신주의 전선은 찬바람에 못 견디겠다는 듯이 '윙' 소리를 지르며 이 나라의 이 끝에서 이 나라의 저 끝까지라도 방 안에 들어앉아 있는 사람과 사람의 음신을 전하고 있다.

'기쁜 일도 있겠지. 그러나 또 생각하여 보면 몹시 급한 일도 있으렷다. 아무런 기쁜 일도 아무런 쓰라린 일도 다——통과시키어 전할 수 있는 전신주에 늘어져 있는 전선이야말로 나의 혈관이나 모세관과도 같다고나 할까?'

까마귀는 날았다. 두어 조각 남아 있는 마른 잎은 두서너 번 조그만 재주를 넘으려 떨어졌다.

'깍! 깍!'

'왜 우느냐?'

그는 가슴을 내려다보았다. 어린것은 어느 사이엔지 그 품안에서 잠이 들었었다.

'배가 고프시지 않은지 웬!'

도홍색 그 조그마한 일면 피부에는 두어 송이 눈이 떨어져서는 하잘것없이 녹아 버렸다. 그러나 어린것은 잠을 깨이려고도 차갑다고도 아니하는 채 숱한 눈썹은 아래로 덮이어 추잡한 안계를 폐쇄시켰고 두 조그만 콧구멍으로는 찬 공기가 녹아서 드나들고 있었다.

선로가 나타났다. 잠들은 대지의 무장과도 같았다. 희푸르게 번쩍이는 그 쌍줄의 선로는 대지가 소유한 예리한 칼이 아니라고는 볼 수 없었다. 그는 선로를 건너서 단조로이 뻗쳐 있는 그 칼날을 좇아서 한없이 걸었다.

"꽝! 꽝!"

수많은 곡괭이가 언 땅을 내리찍는 소리였다. 신작로 한편에는 모닥불이 피어 있었다. 푸른 연기는 건조 투명한 하늘로 뭉겨 올랐다. 추위는 별안간 몸을 엄습하는 것 같았다.

"꽝! 꽝!"

청등한 금속의 음향은 아직도 계속되었다. 그 소리는 이쪽으로 점점 가까이 들려 온다. 그리고 그는 그 소리나는 곳을 향하여 걷고 있었다. 그는 모닥불가에 가 섰다. 확 끼치는 온기가 죽은 사람을 살릴 것같이 훈훈하였다.

'우선 살 것 같다——.'

오므라들었던 전신의 근육이 조금씩 풀어지는 것 같았다.

'불! 흥! 불——내 심장을 태우고 내 전신의 혈관과 신경을 불사르고 내 집 내 세간 내 재산을 불사뤄 버린 불! 이 불이 지금 나의 몸을, 이 얼어죽게 된 나의 몸을 덥히어 주다니! 장작을 하나씩 하나씩 뜬 숯을 만들고 있는 조고만 화염들! 장래에는 또 무엇무엇을 사뤄 뜬숯을 만들려는지! 그것은 한 물체가 탄소로 변하는 현상에만 그칠까—— 산화 작용? 아하 좀더 의미가 있지나 않을까? 그렇게 단순한 것인가?'

그의 눈앞에는 이제 한 새로운 우주가 전개되고 있었다. 그 곳은 여지껏 그가 싸여 있던 그 검은빛의 분위기를 대신하여 밝은 빛의 정화된 공기가 있었다. 차디찬 무관심을 대신하여 동정이 있었고 사랑이 있었다. 그는 지금 일보 일보 그 세계를 향하여 전진을 계속하고 있는 것이었다.

"이리 오너라. 그대 배고픈 자여!"

이러한 소리가 들려 왔다.

"이리 오너라. 그대 심혈의 노력에 보수받지 못하는 자여!"

이러한 소리도 들렸다.

"그대는 노력을 버리지 말 것이야. 보수가 있을 것이니!"

이러한 소리가 또 들려 오기도 하였다.

"꽝! 꽝!"

그 때 이 소리는 그의 귀 밑까지 와서 뚝 그쳤다. 그리하고는 왁자지껄하는 소리와 함께 많은 사람들이 그의 서 있는 모닥불가에 모여들었다.

"불이 다——꺼졌네!"

"장작을 좀더 가져오지!"

굵은 장작이 끼워졌다. 마른 장작은 푸지직 소리를 지르며 타올랐다. 그리하여 검푸른 연기가 부근을 흐려 놓았다.

"에——추워——에——뜨시다."

모든 사람들의 곱은 입술에서는 이런 소리가 흘러나왔다.

연기는 검고 불길은 붉었다. 푸지직 소리는 여전히 났다. 이제 그의 눈앞에 나타났던 새로운 우주는 어느 사이에인지 소멸되고 해수욕 도구를 불사르던 어느 장면이 환기되었다.

'불이냐! 불이냐!'

그의 심장은 높이 뛰었다. 그 고동은 가슴에 안기어 있는 어린것을 눌러 죽일 것 같았다. 그는 품 안에 것을 끌러서 모닥불 곁에 내려놓았다. 그리고는 가슴을 확 풀어헤치고 마음껏 그 불 안에 안기어 보았다. 새로이 끼쳐오는 불기운은 그의 뛰는 가슴을 한층이나 더 건드려 놓는 것 같았다.

무슨 동기로인지 그의 머리에는 '알콜'이라는 것이 연상되었다.

'에—ㅅ? 불? 불이냐?'

어린것을 모닥불 곁에 놓은 채 그는 일직선으로 그 선로를 밟아 뛰어 달아나기를 시작하였다. 그의 시야를 속속으로 스쳐 지나가는 선로 침목이 끝없이 늘어놓여 섰을 뿐이다. 그의 전신의 혈관은 이제 순환을 시작한 것 같았다.

"누구야, 누구야?"

"앗!"

"누구야, 어디 가는 거야?"

"아──저 불! 불!"

"하……!"

그의 전신은 사시나무 떨리듯 떨렸다.

'아──인제 죽을 때가 돌아왔나 보다! 아니, 참으로 살아야 할 날이 돌아왔나 보다!'

그는 이렇게 생각하였다. 그 사람은 그의 그 모양을 조소와 경멸의 표정으로만 내려다보고 있었다. 그러나 이제야 최후로 새 우주가 그의 앞에는 전개되었던 것이다.

"여보십시오!"

그는 수작하기 곤란한 이 자리에서 이렇듯 입을 열어 보았으나 별로 그 사람에게 대하여 할말은 없었다. 그는 몹시 머뭇머뭇하였다.

"왜 그러오?"

"저 오늘이 며칠입니까?"

"오늘? 십이월 십이일?"

"네!"

기적 일성과 아울러 부근의 '시그널'은 내려졌다. 동시에 남행 열차의 기다란 장사가 그들의 섰는 곳으로 향하여 달려 왔다.

"여보, 기차! 기차!"

"……."

"여보, 저거! 이리 비켜!"

"……."

"앗!"

그는 지금 모든 세상에 끼치는 많은 노력에도 불구하고 보수받지 못하였던 모든 거룩한 성도들과 함께 보조를 맞추어 새로운 우주의 명랑한 가로를 걸어가고 있는 것이었다.

그의 눈에는 일상에 볼 수 없었던 밝고 신선한 자연과 상록수가 보였고, 그의 귀에는 일상에 들을 수 없었던 유량 우아한 음악이 들려 왔다. 그리고 그가 호흡하는 공기는 맑고 따스하였고 투명하였고, 그가 마시는 물은 영겁을 상징하는 영험의 생명수였다. 그는 지금 논공 행상에 선택되어 심판의 궁정을 향하여 걷고 있는 것이었다.

순간 후에 그의 머리에 얹혀질 월계수의 황금관을 생각할 때에 피투성이 된 그의 일신은 기쁨에 미쳐 뛰었다. 대자유를 찾아서 우주애를 찾아서 그는 이미 선택된 길을 걷고 있는 데 다름없었다.

그러나 또한 생각하여 보면 불을 피하여 선로 위에 떨고 섰던 그는 과연 어디로 갔던가?

그는 확실히 새로운 우주의 가로를 보행하였을 것이다. 그러나 또 그의 영락한 육체 위로는 무서운 '에너지'의 기관차의 차륜이 굴러 넘어갔는지도 모른다. 그리하여 그의 피곤한 뼈를 분쇄시키고 타다 남은 근육을 산산이 저며 놓았는지도 모른다. 그리하여 기관차의 '피스톤'은 그의 해골을 이끌고 그의 심장을 이끌고 검붉은 핏방울을 칼날로 희푸르러 있는 선로 위에 뿌리며 십 리나 이십 리 밖에 있는 어느 촌락의 정거장까지라도 갔는지도 모른다. 모닥불을 쪼이던 철로 공사의 인부들도, 부근 민가의 사람들도 황황히 그 곳으로 달려들었다. 그러나 아까에 불을 피하여 달아나던 그의 면영은 찾을 수도 없었다. 떨어진 팔과 다리, 동구, 간장, 이것들을 차마 볼 수 없다는 가애로운 표정으로 내려다보며 새로운 우주의 가로를 걸어가는 그에게 전별의 마지막 만가를 쓸쓸히 들려 주었다.

그 사람은 그가 십유여 년 방랑 생활 끝에 고국의 첫 발길을 실었던 그 기관차 속에서 만났던 그 철도국에 다닌다던 사람인지도 모른다. 사람은 이 너무나 우연한 인과를 인식치 못할는지도 모른다. 그러나 사람이 알거나 모르거나 인과는 그 인과의 법칙에만 충실스러이 하나에서 둘로, 그리하여 셋째로 수행되어 가고만 있는 것이었다.

'오늘이 며칠입니까?' 이 말을 그는 그 같은 사람에게 우연히 두 번이나 물었는지도 모른다.

따라서 '십이월 십이일!' 이 대답을 그는 같은 사람에게서 두 번이나 들었는지도 모른다. 그러나 모든 것은 다 그들에게 다만 모를 것으로만 나타나기도 하였다.

인과에 우연이 되는 것이 있을 수 있을까? 만일 인과의 법칙 가운데에서 우연이라는 것을 찾을 수 없다 하면 그 바퀴가 그의 허리를 넘어간 그 기관차 가운데에는 C간호부가 타 있었다는 것을 어떻게나 사람은 설명하려 하는가? 또 그 C간호부가 왁자지껄한 차창 밖을 내어다보고 그리고 그 분골쇄신된 검붉은 피의 지도를 발견하였을 때 끔찍하다 하여 고개를 돌렸던 것은 어떻게나 설명하려는가? 그리고 C간호부가 닫은 차창에는 허연 성에가 슬어 있었다는 것은 어찌나 설명하려는가? 이뿐일까, 우리는 더욱이나 근본적 의아에 봉착할 수도 있다는 것이다.

만일 지금 이 C간호부가 타고 있는 객차의 그 칸이 그저께 그가 타고 오던 그 칸일 뿐만 아니라 그 자리까지도 역시 그 같은 자리였다하면 그것은 또한 어찌나 설명하려느냐?

북풍은 마른 나무를 흔들며 불어 왔다. 먹을 것을 찾지 못한 참새들은 전선 위에서 배고픔으로 추운 날개를 떨며 쉬고 있었다.

그가 피를 남기고 간 세상에는 이다지나 깊은 쇠락의 겨울이었으나 그러나 그가 논공 행상을 받으려 행진하고 있는 새로운 우주는 사시 장춘이었다.

한 영혼이 심판의 궁정을 향하여 걸어가기를 이미 출발한 지 오래니 인생의 어느 한 구절이 끝난 것인지도 모른다. 그러나 사람들 다 몰켜가고 난 아무도 없는 모닥불 가에는 그가 불을 피하여 달아날 때 놓고 간 그 어린 젖먹이가 그대로 놓여 있었다.

끼쳐 오는 온기가 퍽 그 어린것의 피부에 쾌감을 주었던지 구름 한 점 없이 맑게 개어 있는 깊이 모를 창공을 그 조그마한 눈으로 뜻있는 듯이 쳐다보며 소리없이 누워 있었다. 강보 틈으로 새어나와 흔들리는 세상에도 조그맣고 귀여운 손은 일만 년의 인류 역사가 일찍이 풀지 못하고 고만둔 채의 대우주의 철리를 설명하고 있는 것인지도 모른다.

그러나 그 부근에는 그것을 알아들을 수 있는 '파우스트'의 노철학자도 없었거니와 이것을 조소할 범인들도 없었다.

어린것은 별안간 사람이 그리웠던지 혹은 배가 고팠던지 '으아' 울기를 시작하였다. 그것은 동시에 시작되는 인간의 백팔번뇌를 상징하는 것인지도 몰랐다.

"으아!"

과연 인간 세계에 무엇이 끝났는가? 기막힌 한 비극이 그 종말을 내리우기도 전에 또 한 개의 비극을 다른 한쪽에서 벌써 그 막을 열고 있지 않는가?

그들은 단조로운 이 비극에 피곤하였을 것이나 그러나 그들은 그것을 연출하기도 결코 잊지는 아니하여 또 그것을 구경하기에도 결코 배부르지는 않는다.

"으야!"

어떤 사람은 이 소리를 생기에 충만하였다 일컬을는지도 모른다. 또한 그러할는지도 모른다. 그러나 이것이 확실히 인생극의 첫막을 여는 '사이렌'인 것에도 틀림은 없다.

"으아!"

한 인간은 또 한 인간의 뒤를 이어 또 무슨 단조로운 비극의 각본을 연출하려 하는고. 그 소리는 오늘에만 '단조'라는 일컬음을 받을 것인가.

　"으아!"

　여전히 그 소리는 그치지 아니하려는가.

　"으아!"

　너는 또 어느 암로를 한 번 걸어 보려느냐. 그렇지 아니하면 일찍이 이 곳을 떠나려는가. 그렇다. 그 모닥불이 다 꺼지고 그리고 맹렬한 추위가 너를 엄습할 때에는 너는 아마 일찌감치 행복의 세계를 향하여 떠날 수 있을는지도 모른다.

　"으아!"

　이 소리가 약하게 그리하여 점점 강하게 들려 오고 있을 뿐이었다.

작품 알아보기
(단편 문학)

〈봉별기〉는 1933년 각혈로 총독부를 그만둔 이상이 백양 온천으로 요양을 갔을 때 그 곳에서 만난 기생 금홍이와의 만남과 이별을 다룬 이야기이다. 나와 결혼한 후에도 금홍이는 예전 생활에 대한 향수를 느끼고, 나는 무기력한 생활을 계속해 나간다. 금홍이는 마침내 다른 남자를 따라 가출을 한다. 그러던 어느 날, 금홍이가 돌아왔다는 소식을 들은 나는 그녀를 찾아가고, 두 사람은 '영변가'를 부르며 술잔을 나눈다.

〈종생기〉는 1937년 이상이 38세의 나이로 죽기 1개월 전에 《조광》에 발표한 작품이다. 동경에서 쓴 자신의 묘비명까지 삽입된 이 작품은, 해체되고 분열되는 자의식의 절망을 그리고 있다. 여러 남자의 품을 전전하는 정희는 나를 속이고, 나는 또다시 죽어 있는 상태로 매일매일 생을 마친다.

〈병상 이후〉는 병상에서 느끼는 왜소함과 절망을 그리고 있다. 병상에서 죽어 가는 친구로부터의 편지를 받은 나는 뜻밖의 원시성을 느낀다.

〈김유정론〉은 이상과 절친한 사이였던 소설가 김유정과 몇몇 작가들에 관한 에피소드를 소설이라는 형식으로 그려 보인다. 김유정 특유의 개성을 짧은 글을 통해 만나볼 수 있다.

〈약수〉는 몸에 이로울 것이 없는 약주와 몸에 좋다는 약수 중에서, 약주를 더 좋아할 수밖에 없는 자신의 취향을 보여 주는 단편이다.

〈12월 12일〉에서 지독한 가난을 견디기 어려워 어머니를 모시고 방랑길에 오른 '그'는 일본으로 건너가 고생스런 삶의 여정을 편력한다. 한쪽 다리를 잃은 불구자의 몸으로 의사가 되어 고향으로 돌아온 그는, 조카 업의 죽음과 동생 T의 방화 등을 경험하고 달려 오는 기차에 치어 생을 마감한다. 12월 12일은 그가 가난을 이기지 못하고 고향을 떠난 날을 의미한다.

논술 길잡이
(단편 문학)

❶ 아래 글은 〈12월 12일〉의 일부이다. 동생 T의 대사를 통해 알 수 있는 T의 처지와 성격을 논술해 보자.

"그럼 T야, 너 어머니를 맡아라. 나는 일 년이고 이태이고 돈을 벌어 가지고 돌아올 터이니 그러면 그 때에는……."
"에――다 싫소. 돈 벌어 가지고 오는 것도 아무것도 다 싫소. 내게 어머니가 당했소? 그런 어수룩한 소리 하지도 마시오. 더군다나 생각해 보시오. 형님은 지금 처자도 다 없는 단 한 몸에 늙으신 어머님 한 분을 무엇을 그러신단 말이오? 나는 처자들이 우굴우굴하는데 게다가 또 어머니까지 어떻게 맡는단 말이오? 형님이 어머니를 모시고 다니시면서 고생을 시키든지 낙을 뵈이든지 그건 다 내가 알 배 아니니깐 어머니를 나한테 떠맡기고 갈 생각은 꿈에도 마시오"
이렇게 T는 그의 면전에서 한 번에 확――뱉아 버리고 말았다.

....

....

....

....

논술 길잡이
(단편 문학)

❷ 아래 그림은 〈봉별기〉의 한 장면이다. '나'는 기생 금홍이와
결혼을 하지만 여느 부부들과 다른 비정상적인 생활을 한
다. 두 사람의 관계가 어떤 면에서 '비정상적'인지 논술해
보자.

....
....
....
....
....
....

논술 길잡이
(단편 문학)

❸ 아래 글은 〈김유정론〉의 시작 부분이다. 이상이 평소 가까이 지내던 친구들을 묘사하는 대목인데, 자신의 친구 중 특이한 개성을 지닌 친구를 소개하는 글을 써 보자.

> 암만해도 성을 안 낼 뿐만 아니라, 누구를 대할 때든지 늘 좋은 낯으로 해야 쓰느니 하는 타입의 우수한 견본이 김×림이다.
>
> 좋은 낯을 하기는 해도, 적이 비례를 했다거나 끔찍이 못난 소리를 했다거나 하면, 잠자코 속으로만 꿀꺽 업신여기고 그만두는, 그러기 때문에 근시 안경을 쓴 위험 인물이 박×원이다.
>
> 업신여겨야 할 경우에 '이놈! 네까진 놈이 뭘 아느냐?'라든가, 성을 내면 '예! 어디 덤벼 봐라' 쯤 할 줄 아는, 하되 그저 그럴 줄 알다 뿐이지, 그만큼 해 두고 주저않는 파에, 고만 이유로 코 밑에 수염을 저축한 정×용이 있다.

....

....

....

....

....

....

논술 길잡이
(단편 문학)

❹ 〈12월 12일〉을 읽고 동생 T의 아들 업에 대한 교육 방침 중 무엇이 문제였는지를 써 보자.

....

....

....

....

....

❺ 〈종생기〉는 줄거리가 거의 무시된 소설인데, 이 소설에 나오는 정희의 성격과 나에게서 갖는 의미를 논술해 보자.

....

....

....

....

....

논·술·한·국·대·표·문·학 〈전60권〉

펴 낸 이	정재상
펴 낸 곳	훈민출판사
주 소	경기도 고양시 덕양구 원당동 416번지
대 표 전 화	(031)962-3888
팩 스	(031)962-9998
출 판 등 록	제395-2003-000042호

이 책에 실린 글과 그림의 무단 복제 및 전재를 금합니다.